KB206080

내
마음을
위한
뇌과학

일러두기

이 책에 나온 뇌 부위와 기능은 한글 표기를 원칙으로 했으나, 영문 약자가 가독성이 높다고 판단되는 경우는 영문 약자로 표기했습니다.

내 마음을 위한 뇌과학

쿼카쌤 지음 백정엽 감수

어제의 나를
위로하고
내일의 나로
성장하는 실천 방법

Brain & Mind

노르웨이숲

현대의학은 인간의 신체뿐만 아니라 마음과 뇌에 대한 이해를 극적으로 넓혀 가고 있습니다. 그러나 아직은 미지의 영역이 적지 않은 뇌과학의 복잡한 개념을 누구나 쉽게 이해할 수 있도록 전달하는 것은 결코 쉬운 일이 아닙니다.

이 책은 의과대학 4학년 학생이자 예비 의사가 쓴 책입니다. 저자는 전문적인 뇌과학 논문과 지식에 기반하되 대중적인 언어로 풀어내어, 우리가 일상에서 경험하는 감정과 행동을 뇌의 관점에서 새롭게 바라볼 수 있도록 도와줍니다. 불안, 스트레스, 우울과 같은 감정의 기저에 놓인 신경과학적 메커니즘을 설명하면서도, 근거에 기반한 해결책까지 실용적으로 제시하는 점이 특히 인상적입니다.

의학을 전공하면서 꾸준히 온라인으로 많은 사람들과 소통하고, 이렇게 깊이 있게 탐구하여 한 권의 책을 완성했다는 것은 경이로운 일입니다. 더욱이 이 책은 단순히 학문적 지식을 전달하는 것이 아니라, 독자들에게 따뜻한 위로와 성장의 기회를 제공하는 데 초점을 맞추고 있습니다. 이는 이 책을 단순한 학술서가 아닌, 삶을 변화시킬 수 있는 한 권의 안내서로서의 가치를 충분하게 합니다.

　미래의 의사이자 학자로서 저자가 보여준 통찰과 열정이 앞으로 삶과 죽음의 현장에서 더욱 빛나기를 기대하고 응원합니다. 이 책이 독자들에게 유익한 지식과 함께 따뜻한 위로를 전해줄 것이라 확신하며, 기쁜 마음으로 추천합니다.

경희대학교 의과대학 정신건강의학교실 주임교수

『처음 만나는 정신과 의사』 저자

백종우

우리의 마음과 생각이 혼란스러울 때, 그 원인을 과학적으로 이해하면 해결책이 보인다. 의대생인 저자는 자신의 불안과 우울, 무기력함을 극복한 경험을 뇌과학이라는 렌즈를 통해 들려준다. 자책하고 눈치 보던 지난날의 모습을 숨김없이 드러내면서, 그것이 단순히 '나의 문제'가 아닌 뇌에서 일어나는 자연스러운 반응임을 일깨워준다. 특히, 복잡한 뇌과학 이론을 쉽고 따뜻하게 풀어내어 독자들이 자신의 감정을 이해하고 해결책을 찾아갈 수 있도록 안내한다.

저자의 이야기를 따라가다 보면 우리의 부정적인 감정과 긍정적인 마음가짐이 모두 뇌의 화학적 변화에서 비롯된다는 것을 자연스레 깨닫게 된다. 그리고 이러한 앎은 우리가 감정을 조절할 수 있다는 희망으로 이어진다. 젊은 저자의 신선한 시각과 진솔한 공감이 돋보이는 이 책은 마음의 어려움을 겪는 이들과 더 나은 성장을 원하는 모든 이에게 새로운 관점을 제시할 것이다.

서울아산병원 통합내과 교수, 유튜브 〈닥터프렌즈〉 우창윤 우리는 스스로를 잘 알고 있다고 생각하지만, 때로는 이 감정이 어디서 비롯되는지, 내가 왜 그렇게 반응하는지 몰라 당황하곤 합니다. 이 책은 뇌과학의 시선으로 우리의 감정과 마음을 탐구하며, 이해할 수 있도록 돕고 있습니다.

특히 이 책에서 인상적인 점은 저자가 용기를 내어 자신의 경험을 솔직하게 나누고 있다는 점입니다. 자책, 불안, 스트레스 같은 감정들이 단순한 성격 문제가 아니라 뇌에서 일어나는 자연스러운 반응임을 설명하며, 이를 다루는 방법을 뇌과학적으로 풀어냅니다. 자신의 고민을 가감 없이 공유하는 모습에서 독자는 공감과 위로를 받는 동시에, 스스로를 이해하는 힘을 얻게 됩니다. 마치 친한 친구가 자신의 경험을 나누며 위로해주는 듯하면서도, "아, 내 감정이 이렇게 형성되었구나!" 하는 깨달음을 선물합니다.

뇌의 메커니즘을 아는 것은, 나를 이해하고 변화시킬 수 있는 새로운 무기를 하나 얻었다는 의미일 것입니다. 여러분 모두가 이 무기를 가지시기를 바랍니다. 이 책이 훌륭한 길잡이가 되어 줄 것입니다.

뇌과학자, 궁금한뇌연구소 대표 장동선

뇌과학은 우리의 마음을
어떻게 설명할 수 있을까요?

우리가 흔히 '마음'이라고 부르는 감정과 생각, 그리고 그에 따른 행동은 사실 모두 뇌의 활동에서 비롯됩니다. 이 책은 뇌를 통해 소통하며, 뇌와 마음의 관계를 차근차근 이해할 수 있도록 이끌어줍니다. 우리가 직관적으로 이해하는 '마음'과 과학적으로 탐구하는 '마음' 사이의 틈을 좁히기 위해 노력합니다.

　뇌과학 지식은 이 책에서 어렵거나 부담스럽지 않게 다루어집니다. 복잡할 수 있는 뇌 구조, 신경회로, 그리고 신경전달물질의 역할을 간략한 모식도와 그림으로 설명해 이해를 돕습니다. 특히, 일상에서 뇌가 어떻게 활동하는지를 친근한 사례를 통해 풀어내며, 저자는 자기 경험을 바탕으로 자책, 회피, 우울감 등 누구나 마주했을 법한 감정의 순간들을 솔직하게 공유합니다. 이런 진솔한 이야기들이 독자에게 깊은 공감과 위로를 전합니다.

감수하면서 놀란 부분이 있었습니다. 내가 살아가면서 주변 사람들에게 감사한 마음을 표현하고 칭찬하고 응원했던 것이, 지친 몸과 마음의 회복을 위해 휴식을 취했던 것들이 뇌에서는 이렇게 이해하고 준비하고 있었다는 사실입니다. 더욱 감사하고, 충분한 휴식을 취하여 살아가야겠다고 생각하게 되었습니다.

때론 '왜 나는 자꾸 자책하는가?', '왜 작은 일에도 불안해지는가?', '왜 스트레스에 쉽게 무너지는가?'와 같은 익숙하고도 불편한 질문들에 대해, 이 책은 뇌과학적 시각에서 답을 찾아가면서 이해를 넘어 보다 건강한 마음가짐을 가질 수 있도록 돕습니다. 뇌과학이 우리의 마음을 이해하고 보듬는 힘을 가질 수 있음을 직접 경험해보시길 바랍니다.

여러분이 마음의 위로가 필요할 때, 이 책을 펼쳐보면 좋을 것 같습니다. 본인의 감정과 동하는 부분만 읽고 덮으셔도 됩니다. 내가 성장하고 싶고 부족한 부분에 해당하는 부분만 읽고 덮으셔도 됩니다. 저자는 이 책이 그렇게 읽히기를 바라며, 다양한 감정과 상황을 기반으로 글을 써 내려갔습니다.

수많은 뇌과학 도서 중에서도 이 책은 독보적인 '뇌과학 에세이'가 될 것 같습니다. 이 책은 뇌를 통해 공감하고 소통하려는 저자의 따뜻한 시선이 곳곳에서 엿보입니다. 뇌에 관심이 있는

분이나, 에세이를 좋아하는 분이라면 누구나 편하게 읽을 수 있습니다. 저자는 독자에게 지식을 전달하는 학자가 아니라, 함께 고민하고 위로를 건네는 동반자로 다가옵니다. 메스를 들어 환자를 치료하는 의사의 길을 걷는 동시에, 펜을 들어 뇌와 마음에 관한 글을 통해 새로운 방식의 치유를 탐구하는 저자의 앞으로의 행보가 기대됩니다. 이 책이 여러분의 마음을 위로하고, 여러분의 삶의 성장에 도움이 되길 바랍니다.

　－ 경희대학교 신경과학 박사, 과학커뮤니케이터 과즐러 백정엽

차례

추천의 글   005
감수의 글   009

서문 뇌와 친해지는 여행에 초대합니다   014
이 책을 읽기 전에 알아두면 좋은 뇌의 구조와 기능   018

1부   위로의 뇌과학

괜찮아요, 뇌의 반응일 뿐입니다.

자책하는 뇌   나는 왜 자꾸 내 탓을 할까   031
회피하는 뇌   두려울 땐 딱 한 걸음만   042
걱정하는 뇌   걱정에 지배당하지 않는 법   050
예민한 뇌   매우 민감한 사람이 사는 법   058
생각이 많은 뇌   내 머릿속 라디오가 시끄러울 때   064
눈치 보는 뇌   남의 시선에 민감하다면   072
상처받은 뇌   작은 상처가 참 오래 아파서   079
외로운 뇌   혼자가 고립이 되지 않게   086
증오하는 뇌   누군가를 깊이 미워하고 있다면   093
질투하는 뇌   남의 성공이 왜 배 아픈 걸까   101
우울한 뇌   잿빛 세상에 갇혀버렸을 때   106
스트레스받은 뇌   뇌가 보내는 경고 신호   112
번아웃 온 뇌   모든 에너지가 소진되었다면   119
지루한 뇌   즐거움 뒤의 공허함   125
중독된 뇌   우리가 멈추지 못하는 이유   130

2부 　성장의 뇌과학

뇌의 잠재력을 깨우는 뇌 활용법

감사하는 뇌	인생을 바꾸는 강력한 습관	139
추억하는 뇌	뇌의 보물 상자를 여는 시간	146
칭찬하는 뇌	뇌가 사랑하는 최고의 보상	152
공감하는 뇌	T든 F든 알아야 할 공감의 기술	156
사회적인 뇌	서로 다른 생각, 서로 다른 뇌	164
꾸준한 뇌	꾸준한 사람은 무엇이 다른가	170
집중하는 뇌	산만한 마음을 다스리는 법	176
기억하는 뇌	의대 수석의 기억력 비법	181
휴식하는 뇌	쉬는 건 선택이 아닌 필수	187
각성하는 뇌	하루를 활기차게 보내고 싶다면	191
잠자는 뇌	잃어버린 숙면을 찾아서	197
운동하는 뇌	어떤 운동이 뇌에 좋을까	202
성장하는 뇌	한계라고 생각했던 것의 비밀	206
나다운 뇌	진정한 나를 찾는 법	211
예측하는 뇌	우리는 각자의 세계가 된다	219

주	224

뇌와 친해지는 여행에 초대합니다

마음은 우리 몸 중 어디에 있을까요? 심장이 뛰는 가슴 속에 있다고 대답하는 사람도 있겠지만, 대부분의 사람들은 마음이란 머리 속, 뇌에 있다고 대답할 것 같아요. 이렇듯 오늘날 우리는 마음, 즉 감정과 생각을 관장하는 뇌의 역할에 대해 아주 기본적인 지식 정도는 갖추고 있습니다. 거기에 더해, 그 뇌를 건강하게 가꿀 필요성도 느끼고 있는 편이죠. 2024년 옥스퍼드 사전이 '뇌 썩음(brain rot)'을 올해의 단어로 선정했을 정도니까요. 끊임없는 정보와 자극 속에서 뇌의 피로가 쌓일 대로 쌓인 현대인의 고민을 잘 보여주는 단어죠. 건강한 뇌를 가꾸는 일은 이제 우리 모두의 과제가 되었습니다.

여러분은 어떠신가요? 평소 이런 생각을 해본 적 있나요?

'나는 왜 이렇게 예민할까?'

'왜 이렇게 사람들 말에 쉽게 상처받을까?'

'왜 자꾸 눈치를 보게 될까?'

저도 그랬습니다. 제 감정과 생각 때문에 고민하는 일이 많았고, 틈만 나면 자책하기 일쑤였죠. 그러다 신경과학자 앨릭스 코브(Alex Korb)의 『우울할 땐 뇌과학』이라는 책을 통해 뇌과학을 처음 만났어요. 우리의 감정과 행동을 뇌과학의 관점에서 설명하는 책이었는데, 그때 깨달았죠. '내 잘못이 아니라, 단순히 뇌에서 일어나는 일이구나.' 불안, 걱정, 스트레스… 이런 감정들도 결국 뇌에서 일어나는 자연스러운 반응이었던 거예요. 이 깨달음은 제게 큰 위로가 되었습니다.

이후 저는 마음과 생각, 기분에 대한 여러 고민들을 뇌과학의 관점에서 설명하는 글들을 써서 스레드에 공유하기 시작했어요. 의대생으로서 배운 지식을 최대한 쉽게 풀어내어, 저와 같은 고민을 하는 사람들에게 도움이 되는 정보를 전하려 노력했죠.

제 솔직한 이야기를 공유하기 시작했을 때, 많은 분들이 공감해주셨어요. 저와 비슷한 고민을 하는 분들이 생각보다 훨씬 많다는 걸 알게 됐죠. 제가 더 솔직해질수록 더 뜨거운 반응을 보내주셨고, 그 응원 덕분에 용기 내어 이 책을 쓰게 되었습니다.

이 책은 크게 두 부분으로 나누었어요. 1부 '위로의 뇌과학'에서는 자책, 불안, 외로움처럼 우리가 흔히 겪는 마음의 문제들을 다룹니다. 각각의 상황에서 뇌가 어떻게 반응하는지, 그리고 이를 어떻게 다룰 수 있는지 알아봅니다. 뇌에 대해 알아감으로써 여러 가지 문제들을 해결해나가는 내용을 담고 있어요. 2부 '성장의 뇌과학'에서는 감사와 공감으로 더 나은 관계를 만드는 방법과 함께, 집중력과 기억력을 높이는 법, 휴식, 수면, 운동으로 뇌를 건강하게 만드는 방법을 소개합니다. 놀라운 잠재력을 지닌 뇌를 더 잘 활용하는 법을 담았다고 봐주시면 되겠습니다.

각 장에서는 서로 다른 상황과 고민을 다루고 있어서, 지금 여러분에게 당장 필요한 부분부터 읽으셔도 좋습니다. 다만 마음의 문제는 대개 여러 원인이 얽혀 있기 때문에, 각 장의 내용을 연결해서 읽으면 자신의 상황을 더 깊이 이해할 수 있을 겁니다. 본격적으로 1부를 시작하기 전에 알아두면 좋을 뇌에 대한 기본 지식을 정리해두었지만, 그 부분이 너무 어렵게 느껴진다면 건너뛰어도 괜찮습니다. 각 장에서 필요한 설명을 다시 하고 있으니까요.

이 책을 통해, 여러분이 마음의 문제를 만났을 때 더는 자책하지 않고 뇌과학이라는 새로운 관점으로 바라보셨으면 해요. 나아가 이 지식을 활용해 더 건강하고 풍요로운 삶을 만들어가는 경험도 해보셨으면 합니다.

이 책이 여러분의 '뇌와 친해지는 여정'에 작은 도움이 되길
바랍니다.

2025년 봄

퀴카쌤

뇌의 구조와 기능

뇌의 기본 단위인 뉴런과 신경전달물질

우리 뇌는 약 860억 개의 **뉴런**(신경세포)으로 이루어져 있습니다. 뉴런은 마치 나무처럼 생겼는데요, 정보를 받아들이는 가지돌기와 정보를 전달하는 축삭돌기가 있어요. 뉴런과 뉴런 사이에는 아주 작은 틈이 있는데, 이 연결 부위를 시냅스라고 합니다. 이곳에서 뉴런들은 신경전달물질을 주고받으며 서로 소통해요.

신경전달물질(Neurotransmitter)은 뉴런 사이에서 빠르게 움직이는 메신저예요. 호르몬이 혈류를 타고 몸 전체에 천천히 퍼지는 것과는 달리, 시냅스에서 즉각적으로 정보를 전달하죠. 대표적인 신경전달물질로는 도파민, 세로토닌, 노르에피네프린 등이 있어요.

특히 **도파민**은 우리 뇌에서 가장 중요한 신경전달물질 중 하나예요. 흔히 '행복 호르몬'이라고 불리지만, 실제로는 훨씬 더 다양한 역할을 합니다. 우리의 동기부여와 학습을 돕고, 행동을 시작하게 만드는 핵심 물질이죠. 심지어 잠들고 깨어나는 것조차 도파민의 영향을 받아요.

이제 뇌의 주요 구조에 대해 알아볼 텐데요, 한 가지 미리 알

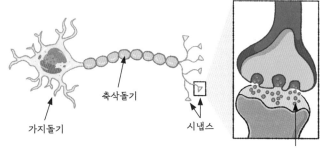

축삭돌기

가지돌기

시냅스

신경전달물질

뉴런(좌)과 시냅스에서 신경전달물질이 전달되는 과정(우)

뉴런은 가지돌기를 통해 정보를 받아들이고, 축삭돌기를 통해 다른 뉴런으로
신호를 전달합니다. 시냅스에서는 신경전달물질이 이 과정을 돕습니다.

출처: Servier Medical ART

아두면 좋을 점이 있어요. 우리 뇌는 각 부분이 독립적으로 작동
하는 것이 아니라, 하나의 통합된 시스템으로 움직입니다. 하나
의 뇌 구조물이 여러 기능에 관여하고, 하나의 기능을 위해 여러
뇌 구조물이 함께 작동하기도 해요. 그러니 같은 뇌 구조물이 여
러 번 등장하더라도 혼란스러워하지 마세요.

뇌의 주요 구조: 대뇌피질, 변연계, 간뇌

우리 뇌는 여러 부분으로 이루어져 있지만, 이 책에서는 우리의 감정과 행동에 직접적으로 관련된 세 부분을 중심으로 다룹니다. 바로 대뇌피질, 변연계, 그리고 간뇌예요. 이제 각 부분을 자세히 살펴볼게요.

1. 대뇌피질

대뇌피질(Cerebral cortex)은 뇌의 가장 바깥쪽에 있는 주름진 층이에요. 우리의 생각과 감정, 행동을 관장하는 중요한 부분이죠. 위치에 따라 네 개의 주요 영역으로 나뉘어요.

- **전두엽**(frontal lobe): 사고와 행동을 조절해요. 특히 전두엽의 가장 앞쪽에 있는 **전전두피질**(prefrontal cortex)은 우리를 인간답게 만드는 영역으로, 계획 수립, 의사결정, 감정 조절같은 고차원적인 기능을 담당해요.
- **두정엽**(parietal lobe): 감각 정보와 공간 인식을 담당해요.
- **측두엽**(temporal lobe): 청각과 기억을 처리해요.
- **후두엽**(occipital lobe): 시각 정보를 처리하는 역할을 해요.

대뇌피질에는 또 하나의 특별한 영역이 있습니다. 바로 측두

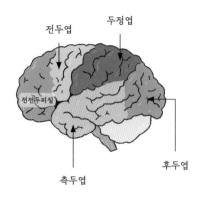

전두엽

두정엽

전전두피질

측두엽

후두엽

색으로 구분된 대뇌피질의 주요 영역과 전전두피질

전전두피질은 내측(안쪽)과 외측(바깥쪽)으로 나뉘어 서로 다른 기능을 담당합니다.

출처 : Servier Medical ART

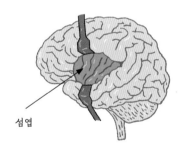

섬엽

섬엽의 위치와 구조

섬엽은 1부 '예민한 뇌'에서 자세히 다룹니다.

출처 : Immunoception: the insular cortex perspective(2023)

021

엽 안쪽 깊숙이 위치한 **섬엽**(insular cortex)인데요. 섬엽은 감정과 신체 감각을 처리하는 역할을 해요.

2. 변연계

변연계(Limbic system)는 뇌의 안쪽 깊숙이 위치한 여러 구조물들의 집합이에요. 감정, 기억, 그리고 본능적 행동을 조절하는 중요한 영역이죠. 변연계의 주요 구조들을 좀 더 자세히 살펴볼게요.

- **대상 피질**(cingulate cortex): 대뇌피질 아래 뇌 안쪽을 띠 모양으로 감싸고 있는 구조로, 감정, 학습, 기억에 중요한 역할을 해요. 위치에 따라 다음 세 부분으로 나뉘어요.
  - **전대상피질**(anterior cingulate cortex): 감정을 평가하고 갈등 상황을 감지해요. 우리가 적절한 반응을 선택하고 주의력을 조절하는 역할을 하죠.
  - **중대상피질**(mid cingulate cortex): 우리의 행동을 모니터링하고 작업 기억을 담당해요. 지금 하고 있는 일을 잘 수행할 수 있게 도와주죠.
  - **후대상피질**(posterior cingulate cortex): 자기 성찰과 기억을 담당해요. 우리가 스스로를 돌아보고 과거의 경험을 떠올릴 때 활발하게 활동합니다.

- **편도체**(amygdala): 감정의 중추라고 할 수 있어요. 공포나 불안 같

은 강한 감정을 처리하고, 감정적 경험을 기억하는 데 중요한 역할을 하죠. 특히 스트레스 반응을 시작해 위험 상황에서 빠르게 대처하는 데도 도움을 줘요.

- **해마**(hippocampus) : 우리 뇌의 '기억 저장소'예요. 새로운 정보를 받아들이고 이를 장기 기억으로 저장하는 과정을 담당해요. 특히 공간을 기억하고 길을 찾는 데도 매우 중요한 역할을 한답니다.

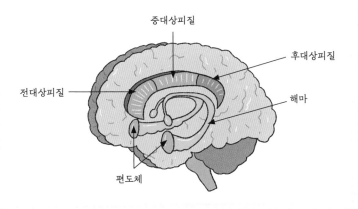

'대상피질, 편도체, 해마의 위치와 구조'

전대상피질은 슬하와 슬전 전대상피질로, 중대상피질은 전방과 후방 중대상피질로 더 세분화됩니다.

출처 : Servier Medical ART

• **선조체**(striatum) : 우리 뇌 깊숙한 곳에 있는 큰 구조물로, 운동, 보상, 인지 기능을 조절하는 핵심적인 뇌 영역이에요. 크게 다음 두 부분으로 나뉘어요.

- **복측 선조체**(ventral striatum) : 보상과 동기부여를 담당하는 부분이에요. 특히 도파민과 밀접하게 관련되어 있어서, 우리가 즐거움을 느끼고 무언가를 하고 싶은 마음이 들게 해요.

- **배측 선조체**(dorsal striatum) : **미상핵**(caudate nucleus)과 **조가비핵**(putamen)으로 이루어져요. 운동 기능을 조절하고, 반복적인 행동이 자연스러운 습관이 되도록 하죠.

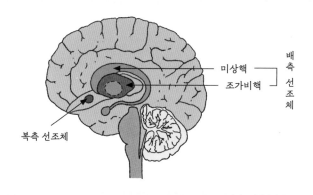

미상핵
조가비핵
배측 선조체
복측 선조체

선조체의 위치와 구조

복측은 배쪽, 배측은 등쪽을 의미합니다.

출처 : The basal ganglia select the expected sensory input used for predictive coding(2015)

3. 간뇌

간뇌(Diencephalon)는 뇌의 중심부에 위치하며, 우리의 기본적인 생존 기능을 조절하는 중요한 역할을 해요. 이곳에서 우리의 몸이 항상성을 유지할 수 있도록 다양한 기능을 관리하죠.

• **시상**(thalamus): 감각 정보를 처리하는 중계소예요. 시각, 청각, 촉각 같은 거의 모든 감각 정보가 시상을 거쳐 대뇌로 전달됩니다.

• **시상하부**(hypothalamus): 체온 조절, 식욕, 수면-각성 같은 기본적인 생존 기능을 관리해요. 우리 몸이 외부 환경 변화에 적응할 수 있도록 도와주죠.

• **뇌하수체**(pituitary gland) : 성장, 대사, 스트레스 반응 등을 조절해요. 시상하부가 보내는 신호를 바탕으로 갑상선, 부신, 이자 같은 내분비샘들의 호르몬 분비를 조절합니다.

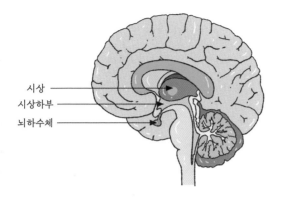

간뇌의 위치와 구조

다양한 기능을 수행하는 시상하부는 여러 핵으로 구성되며, 뇌하수체와 긴밀하게 연결되어 있습니다.

출처 : Servier Medical ART

자율신경계

자율신경계(Autonomic nervous system)는 우리 몸 내부의 장기들과 연결된 복잡한 신경망으로, 우리 몸이 자동으로 작동하도록 돕는 시스템이에요. 의식적인 노력 없이도 심장 박동, 호흡, 소화와 같은 중요한 기능들을 조절해주죠. 자율신경계는 두 가지 주요 부분으로 나뉘어요.

• **교감신경계**(sympathetic nervous system): 위험 상황에서 '가속 페달' 역할을 해요. 심장박동을 빠르게 하고, 에너지를 동원하여 몸을 즉시 움직일 수 있도록 준비시키죠. 예를 들어, 갑자기 위협적인 상황에 처했을 때 심장이 빨리 뛰고 손발이 차가워지는 것은 교감신경계가 혈액을 근육으로 보내 대응할 준비를 하기 때문이에요.

• **부교감신경계**(parasympathetic nervous system) : 반대로 '브레이크' 역할을 해요. 휴식할 때 활성화되어 몸을 진정시키고 회복시켜 줘요. 식사 후 소화를 돕거나 잠들 때 몸을 편안하게 하는 것도 부교감신경계의 역할이에요.

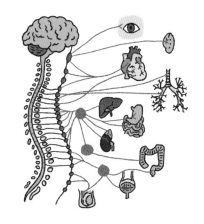

교감신경계

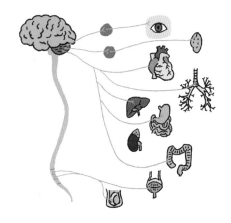

부교감신경계

자율신경계의 두 부분

출처 : Servier Medical ART

위로의
뇌과학

괜찮아요,
뇌의 반응일 뿐입니다.

1부

Brain & Mind

자책하는 뇌

나는 왜 자꾸 내 탓을 할까

'아, 실수했네.' 여러분은 자기 실수를 깨달았을 때 곧이어 어떤 생각을 떠올리시나요? '정말 못났다. 내가 그렇지 뭐'인가요, 아니면 '괜찮아. 다음엔 이 부분을 조심하자'인가요?

우리는 매 순간 스스로를 돌아보며 더 나은 사람이 되고자 노력합니다. 자신의 부족한 점을 인식하고 개선하려는 이 과정을 우리는 '성찰'이라고 부르죠. 하지만 때로는 이 성찰이 지나쳐서 자신에게 너무 엄격해지기도 해요. 이렇게 자신을 과도하게 비난하는 것을 '자책'이라고 합니다. 성찰과 자책은 얼핏 비슷해 보이지만, 실제로는 큰 차이가 있어요.

성찰은 현재 상황을 객관적으로 받아들이고 개선을 위한 계획을 세우는 과정이에요. 반면 자책은 상황을 부정적으로 해석하고 자신을 비난하는 것에 가깝죠. 성찰은 긍정적인 변화의 원동력이 될 수 있지만, 자책은 자신감을 떨어뜨리고 부정적인 감정을 불러일으킬 수 있어요.

자책과 성찰의 차이

상황	자책하는 마음	성찰하는 마음
시험 성적이 낮을 때	"난 공부랑 안 맞나 봐."	"어떤 부분이 준비가 부족했을까?"
실수했을 때	"난 왜 이렇게 실수투성이일까?"	"이번 경험을 교훈 삼아보자."
운동을 못할 때	"난 운동신경이 없어."	"천천히 기초부터 배워보자."
대인 관계가 어려울 때	"난 사교성이 없나 봐."	"어떻게 하면 더 잘 소통할 수 있을까?"

그렇다면 우리는 왜 자책에 빠지게 될까요? 그리고 어떻게 하면 이런 안 좋은 습관에서 벗어날 수 있을까요? 이 질문들에 대한 답을 뇌과학을 통해 함께 찾아보도록 해요.

자책이 불러온 공포의 시간

자책이 얼마나 심각한 결과를 가져올 수 있는지, 제 경험을 통해 말씀드리고 싶어요.

자책 때문에 공황이 올 수도 있다는 거 아시나요? 제 첫 공황은 가족 여행 중에 일어났어요. 해변에서 돗자리에 앉아 회를 먹고 있었는데, 갑자기 시야가 좁아지고 심장이 미친 듯이 뛰기 시작했죠. 토할 것 같은 느낌과 함께 불안감이 온몸을 휘감았어요. 그 순간 저는 완전히 무력해졌어요. 왜 이런 일이 일어나는지 전혀 이해할 수 없었죠. 짧았지만 정말 길게 느껴진 순간이었어요.

이런 공황은 그 후에도 찾아왔어요. 새로운 운동을 배워보려고 테니스 학원에 갔을 때였죠. 그날따라 공이 라켓에 전혀 맞지 않았는데, 또다시 공황이 찾아왔어요. 테니스 코트 위에서 저는 라켓을 든 채로 얼어붙었고, 주변 사람들의 시선이 마치 날카로운 비난처럼 느껴졌어요. 숨쉬기조차 힘들었죠.

나중에 돌아보니 그 시기의 저는 무척 외로웠던 것 같아요. 내성적인 성격 때문에 친구 관계를 제대로 만들지 못했거든요. 특히 방학이 되면 그 외로움이 더 크게 다가왔어요. 학기 중에는 수업이라도 있었지만, 방학이 되면 혼자만의 시간과 마주해야 했으니까요. SNS에는 친구들끼리 여행 가는 게시물이 넘쳐나고, 창밖에선 사람들의 웃음소리가 들리는데, 저는 그저 방 안에 혼자 있었죠. 공부를 위해 고립을 택했다고 스스로를 위로했지만, 사실 그건 제 좁은 인간관계를 합리화하는 변명에 불과했어요.

그런 시기에 해변에서 즐겁게 웃고 떠드는 친구들과 연인들을 보며 외로움이 강하게 밀려왔나 봐요. "나는 왜 저렇게 어울리지 못할까?", "나는 왜 혼자지?"라는 생각이 머릿속을 가득 채웠죠. 이런 자책들이 쌓이고 쌓여 결국 공황 발작으로 터져 나온 거예요. 자책의 목소리가 너무 커져서 제 마음이 그걸 감당하지 못한 거죠.

테니스 학원에서도 자책에 빠지기는 마찬가지였어요. 라켓을 처음 잡았을 때부터 즐거움보다는 불안감이 앞섰어요. '다른 사람들이 날 어떻게 볼까?', '실수하면 어쩌지?' 라는 생각들로 머릿속이 가득 찼죠. 공을 놓칠 때마다 자책의 목소리가 더 커졌어요. "넌 왜 이것도 못해?", "남들은 다 쉽게 하는 걸 너만 못하네." 처음 배우는 운동인데도 스스로에게 선수 수준의 완벽함을 요구하고 있었던 거예요.

공황을 겪고 나니 어디서부터 잘못된 건지 의문이 들었어요. "언제부터 이렇게 자책을 했지? 뭐가 문제였을까?" 하며 제 인생 전체를 돌아보기 시작했죠. 초등학교부터 대학교까지, 모든 기억을 하나하나 꺼내 펼쳐봤어요. 이런 상태에 빠진 이유를 찾는다면 문제를 해결할 수 있지 않을까 하면서요. 하지만 이마저도 또 다른 형태의 자책이었더라고요. 과거의 실수를 곱씹으면서 "그래, 나는 이런 아픔이 있었지" 하며, 현재의 불행을 정당화할 이유를 찾고 있었던 거예요.

그러다 문득 깨달았어요. 저를 괴롭히는 건 과거의 특정 사건이 아니라는 것을요. 진짜 문제는 지금 이 순간, 불행의 이유를 찾으며 스스로를 비난하는 제 모습이었죠. 마치 거울 앞에 선 것처럼 제 모습이 선명하게 보였어요. 그 순간 알았죠. 제 가장 큰 적이 바로 저 자신이었다는 것을요.

나를 탓하는 뇌의 속사정

이렇게 자책할 때 뇌에서는 어떤 일이 일어나고 있었을까요? 놀랍게도, 우리 뇌는 자신의 행동을 돌아보고 평가하는 특별한 능력을 가지고 있어요. 이 과정에서 특히 중요한 역할을 하는 두 개의 뇌 영역이 있답니다.

하나는 '전측두엽(anterior temporal lobe)'이에요. 이곳은 우리의 행동을 이해하고 해석하는 일종의 '사회적 사전' 역할을 해요.[1] 예를 들어 어떤 행동이 '게으른 것인지', '실수한 것인지', '무능한 것인지' 판단하는 일을 담당하고 있죠. 다른 하나는 '슬하 전대상피질(subgenual anterior cingulate cortex)'인데, 이곳은 죄책감 같은 감정을 처리하는 영역이에요.[2]

건강한 자기 성찰을 위해서는 이 두 영역이 균형 있게 소통해야 해요. 예를 들어 시험에서 실수했을 때, 전측두엽은 "시험 준비가 부족했네"라고 상황을 정확히 해석하고, 슬하 전대상피질은 적절한 수준의 죄책감을 느끼게 하죠.

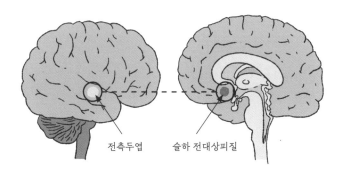

전측두엽   슬하 전대상피질

자기 성찰에 관여하는 뇌 영역

출처 : Self-blame-Selective Hyperconnectivity(2015)

그런데 습관적으로 자책하는 사람들의 뇌에서는 이 균형이 깨져 있다고 해요.[3] 전측두엽과 슬하 전대상피질 간의 연결이 너무 강해지거나, 반대로 약해져 있을 수도 있어요. 그러면 같은 실수를 하더라도 과도하게 일반화하게 돼요. "난 공부는 영원히 못하나 봐"라고 생각하는 식으로요.

이런 뇌의 변화는 악순환으로 이어집니다. 자책이 심해질수록 뇌의 균형은 더 깨지고, 균형이 깨질수록 자책은 더 심해지죠. 이런 상태가 계속되면 우울증이나 불안 장애로 이어질 수도 있어요.[4]

자책하는 뇌

다행히도 우리 뇌는 변할 수 있어요. 자신을 이해하고 받아들이는 연습을 통해, 저는 이 두 영역 사이의 건강한 균형을 되찾을 수 있답니다. 제가 어떻게 이 변화를 만들어냈는지 궁금하신가요? 그 비결은 우리 안에 살고 있는 두 명의 '나'를 이해하는 것에서 시작돼요.

두 명의 '나'와 잘 지내기

믿기 힘들겠지만, 이 세상에 '나'는 한 명이 아니랍니다. 우리 안에는 사실 두 명의 '나'가 살고 있어요. 하나는 '경험이'고, 다른 하나는 '판단이'예요.

'경험이'는 매 순간을 있는 그대로 살아가요. 새로운 것을 시도하고, 감정을 느끼고, 세상과 소통하죠. 반면 '판단이'는 이런 경험들을 끊임없이 평가해요. "수고했어", "별로였어", "다음엔 더 잘하자" 같은 식으로요.

자책하는 사람들의 특징은 '판단이'가 지나치게 엄격하다는 거예요. 작은 실수도 용납 못 하고, 원하는 기준에 못 미치면 '경험이'를 매몰차게 대하죠. 그러다 보니 '경험이'는 점점 위축되고, 자신의 진짜 모습을 드러내지 못하게 돼요.

저의 '판단이'도 무척이나 가혹했습니다. 온갖 이유로 끊임없이 자신을 비난했죠. 요리할 때 실수하면 "역시 넌 손재주가 없어"라고 핀잔을 주고, 대화 중 말실수를 하면 "부끄러워. 조용히 있어"라고 속삭였어요. 거울 속 모습이 마음에 안 들 때도 "넌 코가 못생겼어" 하는 식으로 평가하면서 자책하게 만들었죠.

해변에서 그리고 테니스 칠 때 겪은 공황도 '판단이'가 '경험이'를 너무 몰아붙인 탓이었어요. "넌 같이 다닐 친구도 하나 없네", "공도 못 넘기니 할 줄 아는 게 뭐야?"라며 스스로를 비난했죠.

'판단이'의 평가에 시달리다 보니 자신감도 떨어지고 도전할 용기도 사라졌어요. '경험이'는 실패가 두려워 아예 시도조차 안 하게 됐죠. 그럴 때면 회피한다고 또 자책했어요. "넌 겁쟁이야", "이러다 아무것도 못하게 될 거야"라고요.

결국 제 '경험이'는 평생 숨 막히는 압박 속에서 살아왔던 거예요. 자유롭게 세상을 느끼고 싶었지만, 항상 날카로운 시선과 비난에 움츠러들어야 했죠. 새로운 경험을 즐기고 싶어도, '판단이'가 두려워 안전한 곳에만 숨어 있었어요. 그 과정에서 '경험이'는 점점 더 작아지고, 세상은 점점 더 위협적으로 느껴졌죠.

이 사실을 깨닫고 나니 '경험이'에게 진심으로 미안한 마음이 들었어요. '경험이'에게 정말로 필요한 건 친구도, 테니스 실력도 아니었어요. "친구가 없어도, 테니스를 못 쳐도 괜찮아. 넌 그대로 충분해"라는 따뜻한 말 한마디였죠.

자책하는 뇌

마음속으로 조용히 사과했어요. "그동안 정말 힘들었겠다. 내가 늘 너를 몰아세워서 미안해." 그 순간, 가슴 한편에서 따뜻함이 퍼져 나가더니 오랫동안 짊어졌던 무거운 짐을 내려놓은 것 같은 해방감이 밀려왔어요. '경험이'와 '판단이'가 처음으로 서로를 이해하고 받아들이는 순간이었다고나 할까요.

이후로 저는 '경험이'를 돌보는 데 집중하기 시작했어요. 오래 방치되었던 정원을 가꾸듯, 천천히 '경험이'에게 관심을 기울였죠. 맛있는 음식을 먹이고, 좋은 샴푸를 사 주고, 좋아하는 향의 보디로션을 발라주고, 편안한 옷도 입혀줬어요.

실수해도 "다음엔 더 잘할 수 있어"라고 다독이고, "누구나 그럴 수 있어"라며 한편이 되어주었어요. 마음에 들지 않는 모습이 있어도 "이 정도면 충분해"라고 말해주고, 성과를 냈을 땐 진심으로 칭찬해주고요.

그렇게 하루하루 작은 친절을 베풀며, 저는 '경험이'와 점점 화해해갔어요. 마치 오랫동안 멀어졌던 친구와 다시 가까워지는 것처럼, 서로를 이해하고 받아들이는 시간이었죠.

이런 변화들이 모여 제 삶을 완전히 바꿔놓았어요. 테니스 실력도 점점 늘었고, 새 친구들도 자연스럽게 생겼죠. 사람들은 밝아진 제 모습을 보고 놀라워해요. 하지만 중요한 건 테니스 실력도, 친구의 숫자도 아니었어요. 진정한 변화는 제 내면에 있었죠. 이제는 자신이 있어요. 스스로를 있는 그대로 사랑할 수 있는 자신감 말이에요.

이제 저는 제 안의 두 '나'와 함께 조화롭게 살아가고 있어요. 가끔 자책의 목소리가 들리지만, 이제는 그에 휘둘리지 않아요. 대신 매 순간을 있는 그대로 받아들이려고 노력해요. 처음으로 제 자신과 진정으로 평화로운 관계를 맺게 된 거예요.

여러분의 '경험이'는 어떤 모습인가요? 혹시 "난 항상 1등이어야 해", "항상 멋지게 꾸미고 다녀야 해" 같은 엄격한 기준들로 스스로를 옥죄고 있지는 않나요? 그 기준들이 정말 '경험이'가 원하는 것인지, 아니면 '판단이'의 욕심인지 한번 생각해보세요.

마음의 평화를 얻으려면, '판단이'가 '경험이'의 편이 되어야 해요. 과거에 어떤 일이 있었든, 지금 어떤 모습이든 상관없어요. 내 의식의 어두운 곳에서 홀로 울고 있는 '경험이'를 찾아 따뜻하게 안아주세요. 이것이 바로 자신과 화해하는 첫걸음입니다.

여러분을 괴롭히는 그 엄격한 기준을 조금만 낮춰보세요. 대신 자신의 모습과 이룬 성과에 대해 따뜻한 칭찬 한마디를 건네보세요. 좋은 옷을 입히고, 맛있는 음식을 먹는 것처럼 자신을 아끼고 보살펴주세요. 여러분은 그럴 자격이 충분해요.

문제가 생겼을 때도 함께 해결해봐요. 친한 친구가 실수했을 때 우리는 "괜찮아, 그럴 수 있어"라고 다정하게 말해주잖아요. 나 자신에게도 그렇게 해주세요. '내가 바보같이 왜 그랬을까?'

자책하는 뇌

라고 자책하기보다는 '그럴 수 있지. 다음엔 어떻게 할까?'라고 생각해보는 거예요. '경험이'와 '판단이'가 서로 이해하고 힘을 합치면, 어떤 어려움도 극복할 수 있습니다.

자책이 심하셨던 여러분, 이제 숨어 있는 '경험이'에게 따뜻한 손길을 내밀 준비가 되셨나요? 오늘부터 여러분의 '경험이'와 '판단이'가 함께 만들어갈 새로운 이야기, 저는 그 아름다운 여정을 응원하고 있을게요.

실 천 하 기

- □ "그동안 수고했어"라고 말하며 스스로 어깨를 토닥여보기
- □ 스스로에게 친절한 말 건네기 ("넌 그대로 충분해.", "다음엔 더 잘할 수 있어.")
- □ 나를 돌보는 시간 갖기 (맛있는 음식, 좋은 샴푸, 편한 옷 등)
- □ 실수했을 때 친구처럼 대하기 ("괜찮아, 그럴 수 있어.")
- □ 작은 성취 축하하기 ("오늘도 잘 해냈어.")

회피하는 뇌

두려울 땐 딱 한 걸음만

우리는 종종 아무 생각 없이 머무를 수 있는 편안함에 이끌립니다. 늘 가던 단골 식당에서 익숙한 메뉴를 주문하고, 오랜 친구들과 어울리는 것처럼요. 이런 심리적 '안전지대'를 심리학에서는 '컴포트 존(comfort zone)'이라고 합니다. 이 편안한 영역에서 우리는 불안감이나 스트레스를 거의 느끼지 않아요.

하지만 때로는 이런 편안함이 우리의 발목을 잡기도 해요. 실패할까 두려운 마음에 새로운 일에 도전할 시도조차 않게 되죠. 이런 '회피 성향'은 우리의 삶을 제한하고 잠재력을 가로막아요.

저도 오랫동안 이런 성향으로 고민했어요. 컴포트 존을 벗어나는 게 너무 두려웠거든요. 그랬던 제가 어떻게 제가 컴포트 존의 벽을 깨고 나올 수 있었는지, 한번 들어보실래요?

자책의 목소리를 내려놓으면서, 저는 처음으로 제 모습을 있는 그
대로 바라보게 됐어요. 그런데 그 모습이 썩 마음에 들진 않았어
요. 저는 말 그대로 '회피형 인간'이었거든요.

　친구들과 식당에 가면 항상 누군가가 시키는 메뉴를 따라 시
켰고, 미용실에선 몇 년째 같은 스타일만 고집했어요. 콘택트렌
즈는 시도조차 못 했고, 직원과의 대화가 두려워 전화 대신 앱으
로만 주문했죠. 새로운 만남은 핑계를 대고 피했고, 여행을 가도
모든 계획은 친구들에게 맡겼어요.

　이런 회피 뒤에는 실패에 대한 두려움도 있었지만, 변화에
대한 막연한 두려움이 더 크게 자리를 잡고 있었어요. 언젠가부
터 주어진 일만 열심히 하고, 스스로 무언가에 도전한 기억이 까
마득했거든요.

　더는 이렇게 못 살겠다 싶었어요. '경험이'와 '판단이'가 하나
되어, 그동안 피했던 문제들을 하나씩 마주해보기로 했습니다.

　거창한 것이 아니라 작은 것부터 시작했어요. 식당에 가면
낯선 메뉴를 주문하고, 미용실에서는 새로운 헤어스타일에 도전
했죠. '해내기'에 집중하니까 결과가 완벽하지 않아도 상당히 즐
거웠습니다. 누군가의 눈치를 보지 않고, 제 선택으로 시도했다
는 것만으로도 의미가 있었거든요. 조금씩 자신감이 생기면서 렌

즈도 끼게 됐고, 피하던 모임에도 얼굴을 비추기 시작했어요. 남들에겐 일상적인 일들일지도 모르지만, 저에겐 하나하나가 작은 승리였답니다.

그러다 제 인생 최대의 도전을 시작했어요. 첫 해외여행을 떠나기로 했죠. 아무 계획도 없이 혼자서요. 심장이 쿵쾅거렸지만, 이번만큼은 도망치지 않기로 했어요. 이 여행이 제 삶을 바꿔놓을 거란 직감이 들었거든요. 그리고 정말 그랬어요. 그동안 엄두도 못 냈던 일들을 하나둘씩 해내기 시작했으니까요.

매일 아침 새로운 미션을 정했어요. 현지 식당에서 혼자 밥 먹기, 시장 상인과 흥정하기, 길 가던 외국인에게 말 걸기 같은 것들을요. 처음 만난 일본인과 서툰 영어로 밤새 이야기하고, 베트남 시골길을 스쿠터 타고 달리면서 문득 깨달았어요. '나는 앞으로도 뭐든 할 수 있다'는 걸요.

그런 식으로 해나간 끝에, 지금의 저는 늘 회피하던 예전과는 완전히 다른 사람이 됐어요. 새로운 식당을 발견하면 망설임 없이 들어가고, 처음 보는 사람과 대화하는 것도 더 이상 두려워하지 않아요. 심지어 지금은 저의 첫 책, 바로 이 책의 출간을 준비하고 있죠. 과거의 저라면 상상도 못했을 일들이 이제는 일상이 됐네요.

이 모든 변화가 하루아침에 일어난 건 아니에요. 매 순간 '도망칠까?' 하고 속삭이는 자신과 맞서는 여정이었죠. 우연이 아닌,

의지와 노력이 빚어낸 필연이었어요.

뇌가 변화를 두려워하는 이유

'회피하는 뇌'에서 벗어나며 많은 것이 달라졌지만, 한 가지 궁금증이 남았어요. 제게 정확히 어떤 일이 일어난 걸까요? 그 해답을 뇌과학에서 찾을 수 있었어요.

우리 뇌는 본능적으로 변화를 피하고 익숙한 상황에 머물려고 해요. 이건 뇌가 생존과 에너지 보존을 위해 진화해온 결과예요. 익숙한 환경에서는 뇌가 덜 활성화되어 에너지를 아낄 수 있기 때문이죠.

그래서 뇌는 변화를 일종의 스트레스로 받아들여요. 새로운 상황이 닥치면 경계 태세에 들어가고, 우리는 자연스럽게 회피하게 되죠. "어차피 안 될 거야"라며 시도조차 하지 않거나, 여러 가지 핑계를 대며 도망치는 거예요. 결국 이런 반응들이 우리를 다시 컴포트존으로 돌아가게 만들어요.

이런 관점에서 보면, 제가 겪었던 일상의 작은 도전들은 뇌에게 불편한 일이었을 거예요. 새로운 메뉴를 시키고, 새로운 헤어스타일을 하고, 렌즈를 끼고, 직원에게 전화하는 것. 이 모든 게 뇌에겐 예측할 수 없는, 에너지가 더 필요한 일이었죠. 그래서 뇌는 이런 도전들을 피하게 만들었고, 저는 계속 편한 선택만 반복하게 된 거예요.

에너지를 써야 하는 불편한 일은 회피하는 뇌, 참 게으르죠? 하지만 한편으로 우리 뇌에는 놀라운 능력이 있어요. 바로 의지력이죠. 처음에는 하기 싫고 두렵더라도, 의지를 갖고 계속 노력하다 보면 결국 어려움을 이겨내고 해낼 수 있게 돼요. 이 과정에서 중요한 역할을 하는 뇌 부위가 있는데, 바로 aMCC(전방 중대상피질, anterior midcingulate cortex)이에요.

aMCC는 우리가 힘든 일을 해내야 할 때 중심 역할을 하는 곳이에요. 마치 지휘자처럼 여러 영역을 연결하고 조율하면서, 어려움을 이겨내는 데 필요한 에너지와 집중력을 효과적으로 배분하죠.[5] 스탠포드대학교 신경생물학 교수 앤드루 휴버먼(Andrew Huberman)에 따르면, 새로운 일에 도전할 때 aMCC가 더 활발해지고 실제로 크기도 커진다고 해요.[6] 이렇게 성장한 aMCC 덕분에 우리의 의지력과 끈기가 향상되어, 다음 도전이 더 수월해진답니다.

예를 들어, 처음에는 혼자 동네 카페에서 테이크아웃으로 커피를 사는 것도 큰 도전이었다면, 그다음엔 번화가에 있는 유명한 카페에 혼자 앉아서 커피를 마시는 게 덜 부담스러워져요. 그러다 보면 나중에는 혼자 여행을 떠나는 것도 충분히 할 수 있는 일이 되죠. 점점 더 큰 도전에 용기를 내게 되는 거예요.

여기서 정말 중요한 점은 가장 두려워하고 피하고 싶었던 일

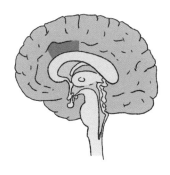

aMCC(전방 중대상피질)의 위치와 구조

출처 : Servier Medical Art

을 극복할 때 aMCC가 더 크게 성장한다는 거예요. 예를 들어 찬물 샤워를 즐기는 사람은 매일 차가운 물을 맞아도 aMCC에 특별한 변화가 없지만, 찬물을 무서워하던 사람이 용기를 내어 도전하면 aMCC가 크게 성장하게 되죠. 이처럼 진정한 성장은 두려움에 맞서 싸울 때 일어난답니다.

반면, 회피가 습관이 되면 aMCC의 활동이 줄어들 수 있어요. 그럴수록 의지력은 점점 약해지고, 도전은 더욱 두렵게 느껴지죠. 마치 운동을 하지 않으면 근육이 약해지는 것처럼요.

이 설명을 듣고 나니 제 과거가 더 잘 이해되더라고요. 제가 그동안 습관적으로 회피했던 건 단순한 '게으름' 때문이 아니었어요. 도전을 계속 피하다 보니 제 aMCC가 약해져 있었던 거죠.

그리고 제가 변할 수 있었던 건, 작은 도전들을 통해 aMCC를 꾸준히 자극하고 키운 덕분이에요.

뇌과학이 제 경험에 과학적 설명을 더해준 셈이죠. 제 변화의 여정이 단순한 의지의 문제가 아니라, 뇌의 적응과 성장 과정이었다는 게 놀랍게 느껴져요.

도전하는 뇌 만들기

이제 저는 의식적으로 '도전하는 뇌'를 만들어가고 있어요. 매일 작은 도전들을 찾고 새로운 경험을 쌓으려 하죠. 특히 피하고 싶은 마음이 들 때면 더욱 적극적으로 도전해요. 신기한 건, 도전을 거듭할수록 다음 도전이 점점 더 쉬워진다는 거예요. 그럴 때마다 제 뇌가 조금씩 변화하고 성장하고 있다는 걸 느낄 수 있어요.

여러분 중에도 회피하는 성향 때문에 고민하는 분들이 많을 거예요. 낯선 상황을 피하고, 결정을 자꾸 미루는 자신을 발견하게 되죠. 하지만 역설적이게도, 피하려는 그 일들 속에 우리가 찾는 답이 있어요.

자신을 솔직히 돌아보세요. 어떤 상황들을 피하고 있나요? 잠시 시간을 내어 여러분이 피해온 일들의 목록을 적어보세요.

내가 피해왔던 일들

새로운 헤어스타일 시도하기	
혼자 영화 보러 가기	V
새로운 취미 배우기	V
공개적으로 의견 말하기	
낯선 사람에게 말 걸기	V

이제 이 목록을 보며 천천히 생각해보세요. 왜 이 일들이 그렇게 두려웠을까요? 정말 피해야 할 만큼 무서운 일들인가요? 오늘부터 이 목록을 하나씩 정복해보세요. 가장 작은 것부터 시작해서, 점점 더 어려운 일에 도전해보는 거예요. 완벽하지 않아도 괜찮아요. 첫걸음을 내딛는 순간부터 여러분의 aMCC는 이미 자극받고 있으니까요.

여러분의 aMCC는 상상 이상의 잠재력을 가지고 있어요. 이제 그 잠재력을 깨울 시간이에요. 오늘은 어떤 미션에 도전하실 건가요? 아주 작은 것이라도 좋으니, 새롭게 도전할 것을 찾아봅시다!

걱정하는 뇌

걱정에 지배당하지 않는 법

나의 성격을 캐릭터로 만들어보라고 하면 여러분은 어떤 캐릭터를 만드시겠어요? 기쁨이, 슬픔이, 까칠이? 저는 그야말로 살아 있는 '걱정이'예요. 친구에게 카톡을 보내고 나면 '말실수를 한 건 아닐까?' 하고 몇 번이고 다시 읽어보고, 비행기를 타면 '혹시 사고가 나지 않을까?' 하고 가슴을 졸이죠.

그중에서도 제 마음을 가장 짓누르는 건 학업과 관련된 걱정이었어요. 고등학교 입시를 준비할 때는 '성적이 떨어지면 어쩌지?', 대학교 때는 '원하는 전공을 못 하면 어쩌지' 하고 걱정했죠. 한 고비를 넘기면 또 다른 걱정이 기다리고 있었어요.

책을 써보지 않겠냐는 제안을 받았을 때도 마찬가지였어요. 처음엔 정말 기뻤는데, 곧 익숙한 생각이 밀려왔죠. "내가 책을 쓸 자격이 있을까?", "주변 사람들이 날 어떻게 볼까?" 이런 걱정들로 머릿속이 가득 찼어요.

이런 끝없는 걱정의 고리, 여러분도 경험해보셨나요? 우리는 살면서 참 많은 걱정을 해요. 학교, 직장, 인간관계… 걱정거리는 정말이지 끝이 없죠.

사실 적당한 걱정은 우리에게 도움이 돼요. 시험 전날의 긴장감 때문에 더 열심히 공부하게 되고, 위험에 대한 경계심은 안전에 주의하게 해주죠. 하지만 걱정이 지나치면 문제가 됩니다. 매사에 불안해하다 보면 삶의 즐거움을 놓치게 되고, 때로는 건강까지 해칠 수 있어요.

우리의 뇌는 왜 이렇게 걱정을 멈추지 못하는 걸까요? 그 이유를 알아보면, 어쩌면 우리의 걱정을 조금 다르게 바라볼 수 있을지도 모르겠어요.

나쁜 것에 더 주목하는 뇌

걱정은 단순히 자신감이 부족하거나 성격이 소심해서 생겨나는 건 아니에요. 우리 뇌가 세상을 바라보는 방식, 그리고 그에 따른 자연스러운 반응이죠.

미국의 한 연구팀이 진행한 재미있는 실험 하나를 소개할게요.[7] 연구진은 사람들에게 여러 종류의 사진을 보여주며 뇌의 반

서로 다른 감정의 이미지들

롤러코스터, 접시, 총. 이 세 장의 이미지를 볼 때 우리 뇌는 과연 어떤 반응을
보였을까요?

출처 : Pexels

응을 측정했어요. 긍정적인 이미지(페라리 자동차나 롤러코스터 타는
사람들), 부정적인 이미지(총이나 상처 입은 얼굴), 그리고 중립적인 이
미지(접시나 헤어드라이어)를 번갈아 보여줬죠.

결과는 놀라웠어요. 긍정적인 이미지와 부정적인 이미지의
자극 강도가 비슷했는데도, 부정적인 이미지를 볼 때 뇌가 더 강
하게 반응했답니다. 더 놀라운 건 이런 반응이 우리가 의식하기도
전, 뇌가 처음 정보를 받아들이는 순간에 일어났다는 거예요.

이처럼 우리 뇌가 부정적인 정보에 더 민감하게 반응하는 현
상을 '부정성 편향(negativity bias)'이라고 해요. 사실 따져보면 하루
종일 좋은 일만 있었는데, 작은 실수 하나 때문에 하루 전체가 엉
망이었다고 느낀 적 있으시죠? 바로 이 부정성 편향 때문이에요.

이런 편향이 생긴 데는 그만한 이유가 있어요. 우리 조상들
에게는 위험을 빨리 알아채는 게 생존에 매우 중요했거든요. 맛

　　　　　　　　　　　　　　걱정하는 뇌

있는 열매를 못 찾으면 그저 배가 고플 뿐이지만, 독이 든 열매를 먹는다면 목숨을 잃을 수도 있으니까요. 맛있는 열매라는 긍정적 정보보다는 독이라는 부정적 정보에 빨리 반응해야 생존에 유리했겠죠? 이런 생존 본능에서 생겨난 편향이 오늘날까지 이어져 온 거예요.[8]

하지만 이 본능이 우리를 자주 걱정에 빠뜨려요. 부정적인 것에 더 민감하게 반응하다 보니, 미래를 바라볼 때도 좋은 가능성보다는 나쁜 가능성에 자꾸 시선이 가게 되는 거죠. 문제는 우리 뇌가 걱정거리를 실제 위험처럼 받아들인다는 거예요. 그러면 스트레스 반응이 시작되면서 심장이 빨리 뛰고, 손에 땀이 나고, 숨이 가빠져요. 이런 신체 반응이 다시 뇌로 전달되면 '정말 큰일 날 것 같아!'라는 생각이 더 강해지고, 그러면 스트레스도 더 심해지죠. 걱정이 점점 커지는 악순환이 생기는 거예요.

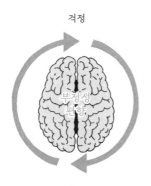

걱정

부정성 편향

스트레스 반응

걱정의 악순환

이런 뇌의 특성을 이해하고 나니, 걱정도 조금 다르게 보이지 않나요? 걱정은 우리를 지키려는 뇌의 자연스러운 반응이에요. 우리가 할 일은 이 본능을 현대의 삶에 맞게 잘 다루는 거죠.

그래서 제가 찾은 방법, '걱정 탈출 5단계'를 여러분과 나누고 싶어요. 걱정이나 불안이 찾아올 때마다 이 방법들을 하나씩 시도해보세요.

1. 걱정 알아차리기

걱정이 시작될 때, 잠깐 멈춰서 "아, 지금 내 뇌가 나를 보호하려고 하는구나"라고 생각해보세요. 이렇게 한 발짝 떨어져서 바라보면 상황이 좀 더 객관적으로 보일 거예요.

2. 성공의 근거 찾기

지금까지 잘 해냈던 경험들과 그 동안의 노력을 떠올리며, "이번에도 잘할 수 있어"라고 스스로에게 말해주세요. 주변 사람들이 비슷한 상황을 잘 극복했던 사례들도 찾아보세요. 이렇게 성공의 근거들을 하나씩 찾다 보면 걱정이 한결 가벼워질 거예요.

3. 좋아하는 음악 듣기

익숙한 노래는 뇌가 안전하다고 느끼게 해주어 불안을 줄여주는 효과가 있어요. 특히 좋아하는 음악을 들으면 우리 몸의 부교감신경계가 활성화되면서 자연스럽게 마음이 편안해진답니다.[9]

4. 산책하기

밖으로 나가 주변을 둘러보며 산책하세요. 신선한 공기를 마시고 자연을 느끼는 것만으로도 스트레스 해소에 도움이 됩니다. 특히 휴버먼 교수에 따르면, 걸으면서 주변 풍경을 바라볼 때 우리 눈이 자연스럽게 양옆을 훑게 되는데, 이런 시각적 움직임이 스트레스 반응을 담당하는 편도체(amygdala)를 진정시켜준다고 해요.[10]

5. 한숨 호흡법

이름처럼 한숨을 쉬듯 숨을 쉬는 건데요, 코로 깊게 숨을 들이마신 뒤 멈추지 말고 한 번 더 짧게 들이마셔서 폐를 가득 채워요. 그다음 입으로 천천히 길게 내쉬면 돼요. 이렇게 하면 부교감신경이 활성화되면서 심장 박동이 안정되고 몸이 편안해진답니다.[11] 특히 효과가 금방 나타나서 걱정이 밀려올 때 바로 실천하기 좋아요.

이 방법들을 실제로 이렇게 활용해봤어요. 중요한 프로젝트 발표를 앞두고 있었는데, "실수하면 어쩌지?", "사람들이 내 발표를 형편없다고 생각하면 어쩌지?" 하는 생각들로 머릿속이 복잡했죠. 하지만 걱정의 악순환에 빠지는 대신 이 단계들을 하나씩 밟아가기 시작했어요.

"아, 이런 걱정이 드는 건 자연스러운 거야"라고 생각하고(걱정 알아차리기), 지금까지 성공적으로 해낸 발표들을 떠올려봤어요(성공의 근거 찾기). 발표 전날에는 좋아하는 음악을 들으며 산책을 했고(좋아하는 음악 듣기와 산책하기), 발표 직전에는 한숨 호흡법으로 마음을 진정시켰죠(한숨 호흡법). 놀랍게도 점점 마음이 편안해지는 걸 느꼈어요. 단계를 거칠 때마다 걱정이 조금씩 줄어들고 자신감이 생기더라고요. 덕분에 발표도 무사히 잘 마칠 수 있었죠.

오늘도 어딘가에서 걱정으로 마음이 무거우신 분들이 계실 텐데요. 걱정하는 뇌 이야기가 여러분의 마음을 조금이나마 가볍게 해드렸기를 바라요. 걱정이 완전히 사라질 순 없겠지만, 우리는 더 현명하게 걱정과의 관계를 만들어갈 수 있어요. 때로는 친구처럼 받아들이고, 때로는 적절한 거리를 두면서요. 그러다 보면 어느 날, 걱정이 우리를 짓누르는 무거운 짐이 아니라 우리를 성장시키는 작은 도우미가 될 수 있을 거예요.

걱정하는 뇌

실 천 하 기

☐ 걱정이 생길 때 "내 뇌가 나를 보호하려는 거야"라고 생각하기

☐ 잘 해냈던 경험들과 노력을 떠올리고, 주변의 성공 사례 찾아보기

☐ 좋아하는 음악 듣기

☐ 밖으로 나가 걸으며 주변 풍경 바라보기

☐ 한숨 호흡법으로 마음 진정시키기

예민한 뇌

매우 민감한 사람이 사는 법

여러분, 간단한 테스트를 해볼게요. 다음 물음에 답해보실래요?

1. 강한 빛, 소음, 향기에 쉽게 민감해지시나요?
2. 다른 사람의 기분을 쉽게 알아채시나요?
3. 복잡하거나 시끄러운 환경에서 쉽게 지치시나요?
4. 예술 작품이나 음악에 깊이 감동하시나요?
5. 다른 사람들보다 더 섬세하게 주변 환경을 인식하시나요?

이 중 세 개 이상에 '그렇다'고 답하셨다면, 여러분은 HSP (Highly Sensitive Person, 매우 민감한 사람)일 수 있어요. HSP는 심리학자 일레인 아론(Elaine N. Aron) 박사가 처음 제안한 개념으로, 주변 환경이

나 감정에 특별히 민감한 사람들을 뜻해요. 전체 인구의 다섯 명 중 한 명 정도가 이런 특성을 가지고 있다고 합니다.[12]

그런데 이게 단순한 성격이 아닌 신경학적 특성이라는 사실, 알고 계셨나요? 저 자신이 HSP에 속한다는 걸 다 자라서 알게 되었는데, 제 경험과 함께 이 특성에 대해 더 자세히 이야기해 볼게요.

| 나도 무던해지고 싶다고요 |

어렸을 때부터 저는 주변 사람들과 '뭔가 다르다'고 느꼈어요. 모든 감각이 유난히 예민했죠. 책상 위 물건들의 위치가 조금만 바뀌어도 금세 알아차렸고, 갑작스러운 알람 소리에는 가슴이 덜컥 내려앉았어요. 감동적인 영화를 보고 나면 며칠 동안이나 그 감정에서 헤어나지 못했고, 친구의 작은 표정 변화도 놓치지 않았어요.

이런 특성 때문에 불편한 점도 많았어요. 도서관에서 공부할 때면 옆자리 사람이 다리를 떠는 것만으로도 집중이 힘들었고, 누군가 코 훌쩍이는 소리에도 신경이 곤두섰죠. 거친 옷감이 피부에 닿으면 하루 종일 신경 쓰이곤 했고요.

인간관계도 순탄치 않았어요. 친구의 기분이 안 좋아 보이면 저도 불안해졌고, 누군가의 말 한마디에 쉽게 상처받았죠. 제 마음은 마치 얇은 유리처럼 쉽게 금이 가고, 때로는 산산히 깨지는 것 같았어요.

저를 더욱 힘들게 한 건 주변 사람들의 반응이었어요. "너는 왜 이렇게 예민하니?", "좀 무던해져 봐"라는 말을 자주 들었고, 저 역시 스스로를 탓했어요. '나도 다른 사람들처럼 둔감해지고 싶다'고 생각하기도 했죠.

디테일에 강한 HSP의 뇌

이런 특성들이 단순히 성격이거나 습관의 문제는 아니에요. HSP의 뇌는 실제로 HSP가 아닌 사람들과는 조금 다르게 작동한다는 걸 실험으로 검증했거든요.

중국의 대학생들을 대상으로 한 실험에서, 연구진은 비슷해 보이는 사진들을 제시하고 이를 비교하도록 했어요.[13] HSP 점수가 높은 사람들은 흥미로운 특징을 보여줬는데, 사진이 천천히 제시될 때 더 정확한 답을 찾았고 미세한 차이점을 찾는 데도 더 많은 시간을 들였죠. 뇌 영상을 찍어보니, 시각 정보를 분석하는 뇌 영역과 주의 집중을 조절하는 부분이 더 활발하게 움직였답니다.

이런 실험 결과는 HSP의 뇌가 자극을 더 정교하게 처리한다는 것을 보여줘요. 빠르게 판단하기보다는 천천히, 꼼꼼하게 살피면서 작은 차이까지 발견하려 하는 거죠. 마치 고해상도 카메

라처럼, 세상의 디테일을 더 섬세하게 포착하는 셈이에요.

또 주목할 만한 부분은 '섬엽(insular cortex)'이에요. 우리 몸에 들어오는 모든 감각과 감정을 세심하게 살피고 정리하는 곳이죠. HSP는 이 부분이 더 활발하게 작동하기 때문에[14], 자신의 몸과 마음 상태를 더 정확하게 알아차릴 수 있어요.

예를 들어, 다른 사람들이 "왠지 기분이 안 좋아"라고 막연하게 느낄 때도 HSP는 그 이유를 구체적으로 알 수 있어요. "시끄러운 카페 음악 때문에 불안하고, 딱딱한 의자가 불편하고, 옆자리에서 나는 향수 냄새 때문에 집중이 안돼"처럼요.

이런 민감한 능력은 양날의 검이에요. 자신의 상태를 정확히 파악하고 대처할 수 있다는 건 분명 장점이지만, 때로는 너무 많은 것을 알아차리는 게 부담으로 다가오기도 하죠. 작은 불편함도 크게 다가올 수 있고, 사소한 자극에도 쉽게 지칠 수 있으니까요.

둔감해지려 애쓰지 마세요

이렇게 제가 '예민하다'고만 여겼던 이 특성들이 사실은 제 뇌가 세상을 받아들이는 고유한 방식이었어요. 그걸 안 후부터는 이걸 고쳐야 할 문제가 아니라 잘 활용해야 할 특별한 능력으로 바라보게 되었죠. 그래서 저는 이 특성을 어떻게 잘 다룰 수 있을지 고민하기 시작했어요. HSP로서 일상의 어려움을 줄이고, 더 편안하게 살아갈 수 있는 방법을 찾고 싶었거든요.

먼저 제게 맞는 환경을 찾는 데 집중했어요. 제가 어떤 상황에서 불편함을 느끼는지 살펴보니, 소음이 심하거나 사람들의 시선이 느껴질 때 특히 힘들더라고요. 그래서 해야 할 일이 있어 장소를 잡을 때 소란스러운 카페 대신 조용한 독서실을, 사람들이 자주 오가는 자리보다는 남들과 제대로 분리되는 자리를 택했죠. 이렇게 하니 정신적 에너지도 덜 소모되고 집중도 더 잘되었어요.

불편한 상황이 생기면 애써서 참지 않고 빨리 피하는 것도 도움이 됐어요. 예를 들어, 옆 사람의 다리 떠는 소리가 신경 쓰일 때는 망설이지 않고 자리를 옮겨요. 불편함을 애써 참으면서 시간을 낭비하는 대신, 바로 행동으로 옮긴 거예요.

하지만 늘 피할 수만은 없잖아요. 그래서 피하기 어려운 상황을 대비하기 위해서 '둔감해지기 연습'을 시작했어요. 시끄러운 곳에서 공부하기, 불편한 환경에서 버티기 같은 작은 도전들로 조금씩 적응력을 키웠죠. 그리고 너무 예민해질 때면 호흡 명상으로 마음을 다스렸어요.

이런 노력들이 쌓이면서 삶이 한결 편안해졌어요. 예민함을 잘 다루게 되자 마음에 여유가 생기고, HSP만의 특별한 장점들이 보이기 시작했죠.

HSP들은 남들이 놓치기 쉬운 작은 디테일들을 알아채는 덕

예민한 뇌

분에 공부나 일에서 좋은 성과를 내곤 해요. 깊이 있게 생각하고 섬세하게 표현하는 능력은 예술이나 창의적인 작업에도 큰 도움이 되고요. 다른 사람의 마음을 잘 헤아리는 덕분에 따뜻한 관계도 만들 수 있죠.

HSP 여러분, 우리의 민감함은 결코 약점이 아니에요. 오히려 세상을 더 깊이 이해할 수 있게 해주는 특별한 선물이죠. 이 특별한 능력을 가진 우리, 자신을 있는 그대로 사랑하고 받아들이는 법을 배워가요. 세상은 여러분의 섬세한 시선 덕분에 더 아름답게 빛나고 있으니까요.

생각이 많은 뇌

내 머릿속 라디오가 시끄러울 때

당신의 휴대폰 화면에 카톡 알림이 뜹니다. 한 친구 이름과 함께 "실망이야"라는 짧은 메시지 미리보기가 보이는 순간, 당신의 마음은 쿵 내려앉습니다.

"어, 뭐지? 내가 뭘 잘못했나?"
"혹시 지난번 약속을 못 지켜서 그런가?"
"아니면 내가 모르는 사이에 실수라도 한 걸까?"

온갖 생각들이 머릿속을 스쳐 지나가면서 불안과 걱정이 밀려옵니다. 친구와의 관계가 틀어질까 봐 초조해지고, 점점 더 깊은 생각의 늪에 빠져들죠. 무슨 일인지 확인은 해야 하니, 크게 한 번 심호흡을 하고 용기를 내어 친구들이 모인 카톡방에 들어갑니다. 그리고 전체 대화 내용을 보게 됩니다.

친구1: 야, 오늘 새로 개봉한 영화 봤어?
친구2: 아니, 어떤데?
친구1: 스토리가 너무 뻔해.
친구1: 솔직히 기대 많이 했는데,
친구1: 실망이야.

모든 걱정과 불안이 순식간에 사라집니다. "실망이야"라는 말은 당신과는 전혀 관계없는, 단순한 영화 평가였을 뿐이죠. 안도의 한숨과 함께 웃음이 나옵니다.

이런 경험, 한 번쯤은 있으시죠? 저도 종종 이러곤 합니다. 메시지 하나만 보고도 이렇게 많은 생각이 드는 건, '생각이 많은 사람' 혹은 '과사고자(overthinker)'이기 때문일 수 있어요.

과사고자들은 매사에 깊이 생각하고 신중하게 판단해요. 문제를 여러 각도에서 바라보고, 다양한 가능성을 고려하죠. 덕분에 남들은 예상치 못한 상황에 부딪혀도 잘 대처하고, 다른 사람의 감정도 섬세하게 이해할 수 있어요.

하지만 때로는 이런 성향이 우리를 지치게 해요. 필요 이상으로 깊이 생각하다 보면 걱정의 늪에 빠지기도 하고, 작은 일에도 과도하게 반응하게 되죠. 심지어 밤잠을 설치게 만드는 끝없는 생각의 고리에 사로잡히기도 해요.

이번 장에서는 이렇게 '생각이 너무 많은' 우리의 고민에 대해 이야기해볼게요. 왜 우리는 이렇게 생각이 많을까요? 그리고 어떻게 하면 이 생각들을 현명하게 다룰 수 있을까요?

정신을 차려보면 또 생각 터널 속에

"너는 생각이 너무 많아." 이 말, 저도 어릴 때부터 정말 자주 들었어요. 심지어 고등학교 생활기록부에 담임 선생님께서 "대체로 내성적인 성품으로 생각이 많아 보이고 지나치게 신중한 면이 있음"이라고 적으실 정도였죠.

그 말씀이 정말 맞았어요. 일상 속 작은 선택에서부터 삶에서 마주치는 중대한 결정까지, 저는 항상 깊이 생각하고 또 생각했어요. 친구들과 식당에 가서 메뉴 고르는 데만 한참이 걸리고, 미용실 예약을 잡았다가 전날 고민 끝에 취소하기도 했죠. 좋게 보면 신중하다고 할 수 있지만, 객관적으로 보자면 우유부단했습니다. 그렇게 놓친 기회들이 참 많았거든요.

생각은 언제나 저를 따라다녔어요. 친구와 이야기를 나누는 중에도 불쑥불쑥 드는 생각에 정신이 팔려 대화에 집중하지 못했고, 자기 전에도 이런저런 생각이 떠올라 쉽게 잠에 들지 못했

생각이 많은 뇌

죠. 특히 한번 부정적인 생각이 시작되면 빠져나오기가 정말 어려웠어요. 갑자기 옛날에 겪은 부끄러운 일이 떠오르고, 그때 사람들이 나를 어떻게 생각했을까 고민하다 보면 후회하고 자책하기 일쑤였죠. 거기에 미래에 대한 걱정까지 더해지면 끝없는 생각의 터널에 갇히는 기분이었어요.

뇌의 저전력 모드 DMN

이렇게 생각에서 벗어나지 못하는 건 어째서일까요? 이는 우리 뇌의 독특한 작동 방식과 관련이 있습니다. 우리 뇌는 겉보기에 쉬고 있는 것 같아도 쉼 없이 움직이고 있어요. 특히 아무것도 하지 않을 때 오히려 더 활발해지는 영역들이 있는데, 이를 DMN(기본 모드 네트워크, Default Mode Network)라고 부릅니다.

마치 컴퓨터의 '저전력 모드'처럼, 특별히 무언가에 집중하지 않을 때 DMN이 활성화되며 온갖 생각들이 떠오르기 시작합니다. 과거를 되돌아보고 미래를 그려보기도 하며, 자신을 돌아보거나 다른 사람의 마음을 헤아리기도 하죠.[15]

DMN은 우리가 살아가는 데 정말 중요한 역할을 합니다. 자아를 깊이 이해하고, 창의적인 아이디어를 발견하며, 타인의 마음에 공감하는 데 필수적인 기능을 담당하기 때문이죠.

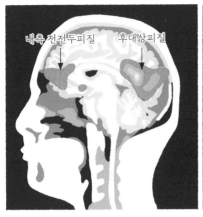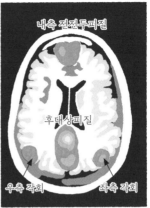

뇌 영상으로 본 DMN(기본 모드 네트워크)

녹색으로 표시된 부분들이 DMN을 이루는 주요 뇌 영역들입니다. 이 영역들
은 서로 긴밀하게 소통하며 우리의 내면 활동을 만들어냅니다.

출처 : Functional MRI in the investigation of blast-related traumatic brain injury(2013)

다만 DMN이 지나치게 활성화되면 일상생활에 어려움이 찾
아올 수 있습니다. 끊임없는 생각으로 현재에 집중하기 어렵고,
불안과 걱정이 늘어나며, 우울감도 느낄 수 있죠. 잠들기도 힘들
어지고, 간단한 결정을 내리는 것조차 버겁고요.[16] 특히 과사고
자들은 이런 상태를 자주 경험하는데, 집중이 필요한 순간에도
DMN이 계속 활성화되어 있는 경향이 있어요. 마치 끄고 싶어
도 끌 수 없는 라디오처럼요.

생각이 많은 뇌

하지만 걱정하지 마세요. 이미 많은 연구들이 DMN을 조절할 수 있는 효과적인 방법들을 밝혀냈거든요. 그중에서도 가장 실천하기 쉽고 효과가 검증된 세 가지 방법을 소개할게요.

1. 충분한 수면 취하기

우리 뇌에는 DMN 외에도 CEN(중앙 집행 네트워크, Central Executive Network)이라는 것이 있어요. DMN이 내면의 생각을 담당한다면, CEN은 외부 환경에 대한 집중을 맡고 있죠.[17] 평소에는 이 두 네트워크가 상황에 맞게 적절히 전환되며 작동하지만, 수면이 부족하면 이 균형이 무너져요.[18] 그러면 집중해야 할 때도 자꾸 잡생각이 떠오르고, 반대로 휴식이 필요할 때는 쉽게 마음을 놓지 못하게 되죠.

그래서 하루 7시간 이상 충분히 자는 것이 중요해요. 낮에 생각이 많아 지칠 때는 20분 정도의 짧은 낮잠으로 뇌를 재충전해주세요.

2. 호흡 명상하기

호흡 명상은 언제 어디서든 바로 실천할 수 있는 방법이에요. 일본의 한 연구팀이 32명의 명상 초보자들을 대상으로 실험

을 진행했는데요, 6일간의 호흡 명상만으로도 DMN의 활동이 눈에 띄게 줄어들었다고 해요.[19]

실천 방법은 아주 간단해요. 편한 자세로 앉아 눈을 살포시 감고, 코로 숨을 천천히 들이마시고 입으로 내쉬면서 호흡이 들어오고 나가는 것만 차분히 지켜보세요. 집중이 잘 안된다면 코끝에 나비가 앉았다고 상상해보세요. 들이쉴 때는 나비가 날개를 접고, 내쉴 때는 펴는 모습을 떠올리면 더 쉽게 집중할 수 있어요.

3. 사회적 교류하기

영국의 한 대규모 연구에 따르면, 외로움을 자주 느낄수록 DMN이 더 활발하게 작동한다고 해요.[20] 약 40,000명을 대상으로 한 이 연구는 외로운 사람들의 DMN 내부 연결이 더 강하다는 것을 발견했어요. 실제 관계가 부족하다 보니 상상이나 회상 같은 내적 활동에 더 많이 의존하게 된다는 거죠. 그러니 혼자만의 시간을 줄이고 누군가를 만나보세요. 부담스럽다면 잠깐의 전화 통화로 시작해도 좋아요. 다른 사람과 대화하는 것만으로도 복잡한 생각에서 벗어날 수 있답니다.

더 전문적인 도움이 필요하다면, 정신과에서 DMN을 조절하는 치료법을 시도해볼 수 있어요. 예를 들어 경두개자기자극(TMS)은 자석의 힘으로 특정 뇌 영역의 활동을 조절하는 치료로, DMN의 과도한 활동을 줄여 불안이나 우울 증상을 개선할 수 있답니다.[21] 물론 이 치료는 반드시 전문의와 상담 후에 결정해야 해요.

생각이 많은 여러분의 풍부한 내면세계는 분명 특별한 선물이에요. 깊이 생각하고 섬세하게 살피는 능력은 이 복잡한 세상을 이해하고 공감하는 데 큰 힘이 되죠. 때로는 그 생각들 때문에 지칠 때도 있지만, 이제 여러분은 그것을 다스리는 방법을 알게 되었어요. 여러분의 생각이 더 이상 짐이 아닌, 삶을 빛내주는 지혜가 되길 바랍니다.

눈치 보는 뇌

남의 시선에 민감하다면

우리는 어릴 때부터 "눈치 좀 있게 행동해"라는 말을 자주 들으며 자랍니다. 회식 자리에서 상사의 술잔이 비면 슬쩍 채워주거나, 말하지 않아도 알아서 일을 처리하는 사람은 '눈치가 빠르다'는 말을 칭찬처럼 듣곤 하죠. 이런 '눈치'는 분명 사회생활을 원활하게 하고 좋은 관계를 유지하는 데 도움이 되곤 합니다.

하지만 눈치를 너무 많이 보다 보면 어떻게 될까요? 다른 사람들의 시선을 지나치게 의식하게 되니 정작 하고 싶은 말을 못하거나 행동을 망설이게 돼요. 심지어 상대방의 작은 표정 변화나 말투에도 과도한 의미를 부여하며 불필요한 걱정에 빠지기도 하죠. 결국 자신의 진정한 모습을 표현하지 못하고, 삶이 위축되어 버릴 수도 있습니다.

이 장에서는 눈치를 많이 보는 수민 씨의 경험을 뇌과학의 눈으로 따라가면서 지나친 눈치가 우리 삶에 어떤 영향을 주는지 살펴볼 거예요. 이런 과도한 눈치에서 어떻게 벗어날 수 있는지도 함께 알아볼게요. 이 여정을 통해 우리는 타인을 배려하면서도 자신의 목소리를 내는 건강한 균형을 찾을 수 있을 거예요.

나는 왜 이렇게 눈치를 볼까

수민 씨는 혼자서 어딘가에 갈 때면 항상 망설였어요. "사람들이 나를 어떻게 볼까?"라는 두려움이 발걸음을 가로막았죠. 식당에 혼자 들어갈 때면 다른 손님들의 시선이 따갑게 느껴졌고, 옷 가게에서 혼자 쇼핑할 때면 직원의 눈길이 부담스러웠어요. "나를 이상한 사람으로 볼까?", "지금 말을 걸면 실례일까?" 같은 걱정이 끊임없이 머릿속을 맴돌았죠.

이런 불안감은 대인 관계에서 더욱 심해졌어요. 친구들과 대화할 때면 "이 말을 하면 어떻게 생각할까?", "나를 재미없는 사람으로 여기면 어쩌지?" 하는 생각에 적극적으로 참여하지 못하고 주로 듣기만 했어요. 회의 중에 하고 싶은 말이 있어도 "이상한 의견으로 보일까 봐" 꾹 참았고, 결국 목소리를 내지 못한 채 다른 사람들의 의견에 고개만 끄덕이곤 했죠.

게다가 사람들의 행동에 담긴 의미를 해석하느라 늘 바빴어요. 대화 중에도 "방금 내가 한 말이 적절했나?", "저 표정은 무슨 뜻이지?" 같은 생각이 끊임없이 떠올라 상대의 말에 집중하지 못했죠. 집에 돌아와서도 그날의 대화를 반복해서 곱씹으며 사람들이 자신을 어떻게 봤을지, 앞으로 어떻게 생각할지 걱정하느라 밤잠을 설쳤어요. 심지어 메신저로 대화할 때도 메시지 하나하나에 숨은 뜻이 있을 거라 생각하며 해석하느라 애쓰고, 답장이 조금만 늦어져도 이유 없이 불안해졌어요.

이렇게 계속 남의 눈치를 보다 보니 수민 씨의 삶은 점점 더 위축되어갔어요. 늘 다른 사람들의 반응을 예측하고 속마음을 지레짐작하느라 지쳐있었죠. '나는 왜 이렇게 눈치를 볼까?', '난 자신감이 너무 부족해⋯'라며 자신을 책망하기 일쑤였죠.

모든 것을 나와 연결 짓는 뇌

수민 씨의 사례처럼 모든 상황을 자신과 연관 지어 해석하고 지나치게 반응하는 현상은 '자기 참조 처리(self-referential processing)'라는 개념과 관련이 있어요. 자기 참조 처리란 주변의 정보를 자신과 연관 지어 해석하는 과정을 말해요.[22] 이는 정보를 효율적으로 처리하고 자신을 이해하는 데 도움을 주죠. 예를 들어, 새로운 개념을 공부할 때 자신의 경험과 연결 지으면 더 잘 이해되고, 다른 사람의 이야기를 들으며 자신에 대해 더 깊이 알게 되는 것처럼요.

이런 자기 참조 처리가 이루어지는 곳이 바로 'CMS(피질 중심선 구조, Cortical Midline Structures)'예요. CMS는 뇌 중앙선을 따라 위치한 구조들인데, 눈치를 많이 보는 사람들은 이 구조, 특히 내측 전전두피질과 전대상피질이 비정상적으로 활성화되어 있다고 해요.[23] 이처럼 CMS가 과도하게 활성화되면 우리는 다른 사람의 반응에 더욱 민감해지죠. 특히 흥미로운 점은 이 CMS가 앞서 살펴본 DMN의 주요 부위들(내측 전전두피질, 후대상피질)과 겹친다는 거예요. 이것이 바로 생각이 많은 사람들이 눈치도 많이 보게 되는 이유랍니다.

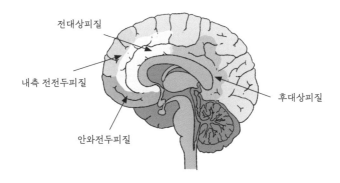

CMS(피질 중심선 구조): 우리를 '눈치쟁이'로 만드는 뇌의 부위들

출처: Brain and self - a neurophilosophical account(2013)

눈치가 보일 때 떠올릴 말들

사실 수민 씨의 이야기는 바로 제 이야기였어요. 오랫동안 이렇게 과하게 남의 눈치를 보면서 힘들어했죠. 하지만 뇌과학을 공부하면서 제 상태를 이해하게 됐고, 이제는 그때의 경험을 바탕으로 어떻게 이 상황을 극복했는지 이야기해볼게요.

눈치가 보일 때마다 저는 '지금 내 생각이 자기 참조 처리는 아닐까?', '아, 내 CMS가 과하게 반응하는 중이구나'라고 생각하면서 한 걸음 떨어져 바라보려 했어요. 이런 이해는 제가 저 자신을 너무 몰아세우지 않게 도와줬고, 덕분에 조금씩 용기를 내어 사람들 앞에 나설 수 있었죠. 이 과정에서 저는 세 가지 중요한 깨달음을 얻었어요.

1. 사람들은 생각보다 나에게 관심이 없다.

혼자 해외여행을 떠났을 때 깨달았어요. 현지인들은 각자의 일상에 바쁘고, 다른 여행자들도 자신의 여정에 집중하고 있었죠. '나를 어떻게 볼까'를 걱정하기엔, 제 생각만큼 다른 사람들이 저를 주목하지 않더라고요.

2. 직접 말하기 전까지 지레짐작하지 말자.

동료가 저를 피하는 것 같아 며칠을 고민했던 적이 있어요.

알고 보니 그저 개인적인 문제로 힘들어하고 있었을 뿐이었죠. 그 후로는 확실하지 않은 상황에서는 항상 무슨 일인지 직접 확인하는 습관을 들였어요.

3. 남의 반응은 내 몫이 아니다.

우리가 진정으로 통제할 수 있는 건 오직 자신의 행동뿐이에요. 남의 반응은 내가 어찌할 수 없고, 그렇다면 그에 대해 마음을 졸여봐야 괜한 에너지 낭비가 아닐까요. 이렇게 생각하니 마음이 한결 가벼워졌고, 더 이상 타인의 반응에 일희일비하지 않게 되었어요.

이런 깨달음들이 쌓이면서 제 뇌는 점차 지나치게 눈치 보는 습관을 내려놓게 되었어요. 이제는 북적이는 카페에서도 혼자 여유롭게 책을 읽을 수 있고, 큰 회의에서도 떨지 않고 자신 있게 제 의견을 말할 수 있게 되었죠. 조금 더 '당당한 뇌'로 거듭날 수 있었답니다.

여러분 중에도 저처럼 남의 눈치를 많이 보는 분들이 계실 거예요. 그럴 때마다 이 세 가지 진실을 떠올려보세요. 그리고 남의 눈치를 보지 않는 작은 시도를 시작해보세요. 혼자 카페에 가보기, 마음에 드는 옷을 입고 거리 걸어보기, 회의 때 한 번이라도 의견 내보기처럼요. 조금씩 실천하다 보면, 어느새 더 자유롭고 당당한 자신을 발견하게 될 거예요.

　자, 이제 첫걸음을 당당하게 내딛어볼까요? 자신 있게 내딛을수록 여러분의 뇌도 더 위풍당당해질 거예요.

실 천 하 기

☐ "사람들은 생각보다 나에게 관심이 없다" 메모장에 적어두기

☐ 불확실할 땐 직접 물어보기

☐ 혼자 카페/영화관 가보기

☐ 마음에 드는 옷 입고 거리 걸어보기

☐ 회의나 모임에서 의견 한 번 내보기

상처받은 뇌

작은 상처가 참 오래 아파서

여러분은 '트라우마'하면 어떤 이미지가 머릿속에 떠오르시나요? 트라우마(trauma)는 전쟁이나 재난, 폭력처럼 우리의 생명이나 안전을 위협하는 충격적인 사건을 겪거나 목격한 후에 생기는 심리적 상처를 말해요. '상처'를 뜻하는 그리스어 '트라우마트(traumat)'에서 유래했죠.

하지만 꼭 이런 큰 충격의 순간들만 상처로 남는 건 아닙니다. 친구들의 놀림, 미묘한 차별, 공개적인 자리에서의 실수처럼 일상에서 겪는 작은 일들도 상처를 주죠. 이런 작은 상처들이 쌓이다 보면, 우리의 행동과 마음가짐을 완전히 바꿔놓을 정도로 큰 영향을 미치기도 하고요. 심리학자 프랜신 샤피로(Francine Shapiro) 박사는 이러한 경험들을 '스몰 트라우마(small trauma)'라고

이름 붙였어요.[25]

트라우마의 두 가지 형태

구분	트라우마	스몰 트라우마
정의	생명이나 안전을 위협하는 충격적인 사건	일상에서 겪는 작지만 반복되는 상처
예시	• 심각한 사고 • 폭력 • 자연재해 • 생명을 위협하는 질병	• 또래의 놀림 • 공개적 망신 • 미묘한 차별 • 반복되는 무시
특징	• 즉각적이고 강한 충격 • 명확한 원인과 시점	• 점진적이고 누적되는 영향 • 사소한 일로 치부되기 쉬움

저 역시 이런 작은 상처들을 오랫동안 안고 살아왔어요. 이번 장에서는 우리의 뇌가 어떻게 이런 기억들을 간직하고 있는지, 그리고 그 상처를 어떻게 보듬어줄 수 있는지를 이야기해보려고 해요. 이 시간이 여러분에게도 작은 치유의 순간이 되길 바랍니다.

스몰 트라우마가 내게 남긴 것

제가 항상 회피하고, 눈치를 보며 살았던 건 아니에요. 초등학교 때만 해도 저는 반에서 제일 활발하고 자신감 넘치는 아이였어요.

발표도 제일 먼저 하고, 뭘 하든 웃음이 가득했죠. 하지만 중학교에 입학하면서 성격이 크게 바뀌고 말았습니다. 같은 반 아이들이 생각 없이 내뱉는 말들 한마디 한마디가 제 자신감을 서서히 갉아먹기 시작했거든요.

"쟤 이름 되게 웃기지 않아?"
"쟤가 가는 미용실에는 절대 안 가야겠다."
"얼굴도 별로면서 왜 저렇게 나대지?"

어째서인지 이런 말들이 교실 여기저기서 들려왔어요. 제 이름을 놀리고, 외모를 비웃고, 적극적으로 발표를 하는 제 행동을 깎아내렸죠.

시간이 많이 흘렀지만, 그 순간들은 아직도 기억 속에 선명하게 남아 있어요. 특히 그 말들을 처음 들었을 때의 기분은 지금도 잊히지 않아요. 가슴이 쿵 내려앉는가 싶더니, 이내 심장이 터질 듯이 두근거렸죠. 수치심에 얼굴이 화끈거렸지만 아무 말도 할 수 없었어요. 심지어 그런 순간마다 저 스스로를 탓하기까지 했어요.

'그때 이렇게 받아쳤어야 했는데… 바보 같아.'
'이런 사소한 말에 상처받다니, 난 너무 나약해.'

'내가 쓸데없이 나댄 게 잘못이야.'

한창 못되게 굴 시기의 아이들이 생각 없이 던진 부당한 말들에 제대로 대응하는 법을 몰랐죠. 결국 누구보다 저를 다독여줬어야 할 저 자신에게마저 버림받고 만 거예요.

그 후부터 저는 조용히 껍질 속으로 숨어들었어요. 더 이상 발표할 때 손을 들지 않았고, 웃음소리도 점점 작아졌죠. 한때 넘쳤던 밝은 에너지는 어느새 사라지고, 조용하고 내향적인 모습만 남았어요.

성인이 되어서도 마찬가지였어요. 최대한 튀지 않으려 노력했고, 의견을 내기보다는 남들의 말을 따르기 바빴죠. 앞에 나서야 하는 순간이 오면 '아무도 나를 신경 쓰지 않아'라고 되뇌이며 불안을 감추려 했어요.

하지만 마음 깊숙한 곳의 불안은 사라지지 않았어요. 상처받지 않으려 애쓸수록, 제 마음은 더 여리고 예민해졌죠. 한껏 부풀어올라 금방이라도 터질 것 같은 풍선처럼요.

뇌가 상처를 대하는 방식

어떻게 사소한 말 한마디가 이렇게 오랫동안 저를 괴롭힌 걸까요? 그 비밀은 우리 뇌가 상처받은 경험을 기억하고 반응하는 방식에

상처받은 뇌

있어요.

처음에는 아무렇지 않던 상황(예: 발표하기)이 불쾌한 경험(예: 놀림)과 함께 일어나면, 우리 뇌는 이 둘을 연결 지어 기억해요.[26] 이런 기억은 뇌의 여러 부위에 나눠져 저장됩니다. 해마(hippocampus)는 '사람들 앞에 나서면 놀림받을 수 있어'라는 전체적인 상황을 기억하고, 편도체는 그때 들은 목소리에 '저 사람은 나에게 상처를 줄 수 있어'라는 의미를 새기죠.

이렇게 저장된 기억은 비슷한 상황만 마주쳐도 자동으로 깨어납니다. 한번 망신당했던 장소를 지날 때면 가슴이 철렁하고, 그때 들었던 목소리가 들리면 심장이 빨리 뛰고, 손에 땀이 나고, 때로는 몸이 굳어버리기도 해요.[27] 이런 반응들은 사실 우리를 지키기 위한 거예요. 우리 뇌가 "위험해, 조심해!"라고 보내는 신호인 거죠.

문제는 이런 보호 시스템이 때로는 너무 예민하게 반응한다는 거예요. 더 이상 위험하지 않은 상황에서도 말이죠. 발표할 때 실수할까 봐, 새로운 사람을 만날 때 거절당할까 봐, 의견을 낼 때 놀림받을까 봐 우리는 자꾸 긴장해요. 그래서 점점 더 사람들 눈치를 보게 되고, 불편한 상황을 피하려고만 하죠. 이럴수록 우리 뇌는 더욱 예민해져서, 점점 더 많은 상황을 위험하다고 판단하게 됩니다.

이런 사실들을 알고 나니 제 경험들이 새롭게 이해되기 시작했어요. 사람들 앞에서 가슴이 떨리고, 말 한마디에 눈치를 보고, 쥐구멍에라도 숨고 싶던 그 순간들… 이건 단순한 '예민함'이 아니었어요. 제 뇌에 깊은 상처가 있다는 신호였죠. 눈치를 보며 고개를 숙이고, 어깨를 움츠리던 그 아이가 보였어요. 늘 구석진 자리를 찾아 앉고, 의견이 있어도 손을 들지 못하던 그 아이… 웃음소리를 감추고, 자신의 존재를 지우려 했던 그 아이가 여전히 제 안에 있었던 거예요.

그 아이에게 말을 건넸어요. 그 아이가 가장 듣고 싶어 했던, 하지만 한 번도 듣지 못했던 말들을요.

"많이 아팠지…"
"네 잘못이 아니었어."
"네 모습 그대로도 충분해."

그 순간, 마음 한켠이 따뜻해지며 치유되는 기분이 들었어요. 오래된 상처라도 가장 필요했던 처방을 만나면 언제든 치유될 수 있다는 걸 느꼈습니다.

이렇게 상처를 마주하고 나니, 제 생각도 조금씩 달라지기 시작했어요. '아무도 나를 신경 쓰지 않아'라고 되뇌이는 것이 아니라, '다른 사람이 어떻게 생각하든 괜찮아'라고 말할 수 있게 됐죠. 제 가치는 타인의 평가가 아닌, 제가 바라보는 제 모습에서 나온다는 걸 알게 됐으니까요. 이제는 알아요. 제가 저를 믿는 한, 어떤 말에도 흔들리지 않을 수 있다는 걸요.

누구나 마음 한편에 위로받지 못한 순간들이 있어요. 하지만 그 순간들을 마주할 용기만 있다면, 언제든 더 단단한 모습으로 거듭날 수 있어요.

여러분의 내면에는 어떤 아이가 있나요? 오늘은 그 아이의 목소리에 귀 기울여보세요. 그리고 그 아이가 가장 듣고 싶어 했던 말을 건네주세요. 그 아이를 따뜻하게 안아주고 나면, 여러분은 무엇이든 할 수 있을 거예요. 여러분의 상처 위에서 새로운 희망이 피어나길 진심으로 응원합니다.

외로운 뇌

혼자가 고립이 되지 않게

외로움과 고독.

언뜻 비슷해 보이는 이 두 감정은 사실 전혀 다른 의미를 품고 있어요. 고독은 우리가 스스로 선택한 '혼자만의 시간'이에요. 스스로 선택했기에 평온하고, 때로는 내면을 돌아보며 충전할 수 있는 시간이 되죠. 하지만 외로움은 달라요. 원치 않는데 혼자 남겨진 듯한, 그래서 마음이 아프고 슬픈 감정이에요.

현대사회의 아이러니가 여기 있어요. 많은 사람들이 혼자만의 시간을 즐기면서도, 동시에 외로움으로 힘들어하고 있죠. 특히나 아이러니한 건, 스마트폰과 인터넷으로 언제든 누구와도 연결될 수 있는 시대지만 정작 마음과 마음이 진정으로 이어지는 관계는 점점 줄어들고 있다는 거예요.

저 역시 사는 동안 이런 외로움에 빠져들 때가 있었고 싸우기도 했답니다. 외로움이 어떻게 우리 삶을 힘들게 하는지, 그리고 어떻게 이 외로움을 이겨낼 수 있는지 함께 이야기 나누고 싶어요.

혼자가 더 편했을 뿐인데

앞서 말씀드렸듯, 중학교에 입학하면서 저는 큰 변화를 겪었어요. 사소한 말들이 주는 상처에, 활발하고 자신감 넘쳤던 제 모습은 점점 사라져갔죠. 고등학교에 들어가면서 그 변화를 뼈저리게 느꼈어요.

체험학습 조를 짜던 날이 생생히 기억나요. "같이 가자"라고 말할 용기가 나지 않아 결국 저처럼 '남겨진' 아이들 모임에 들어갔죠. '선택받지 못했다'는 현실이 참 아팠어요.

소외감을 피하려 억지로 어울리기도 했지만, 그러고 나면 늘 피곤하고 허전했어요. 게다가 저는 항상 '후보' 같은 존재였어요. 인원이 부족할 때만 끼고, 많으면 자연스레 밀려나는 그런 사람이요. 이런 경험들이 쌓이면서 자신감은 더욱 떨어졌고, 인간관계가 점점 더 버거워졌어요.

그러다 보니 자연스레 혼자만의 시간에 익숙해져 갔어요. 처음엔 어색했지만, 시간이 지날수록 그게 더 편안하게 느껴졌죠.

복잡한 인간관계에서 오는 스트레스도 없고, 무엇보다 사람들 사이에서 소외감을 느낄 일도 없으니까요. 친구 관계도 자연스레 변화했어요. 많은 사람들과 얕은 관계를 유지하는 대신, 정말 마음이 통하는 소수의 친구들과만 깊은 관계를 맺게 됐죠.

하지만 이런 선택은 결국 더 깊은 외로움으로 이어졌어요. 그 몇 안 되는 친구들이 바쁘기라도 하면 갑자기 주변에 아무도 없어지는 거예요. 친구들 소식이 궁금해도 '바쁜데 귀찮아할까 봐' 연락조차 못 하게 되면서 혼자 있는 시간은 점점 늘어만 갔죠. 그렇게 외로움은 조금씩, 하지만 확실하게 커져갔어요. 제가 선택했다고 생각한 '혼자'는 어느새 빠져나올 수 없는 '고립'이 되어가고 있었던 거예요.

외로운 뇌가 더 외로워지는 과정

외로움은 단순한 감정이 아니에요. 우리 뇌에 실제로 영향을 미치는 강력한 신호랍니다. 특히 우리 뇌는 사회적 배제나 거절을 신체적 고통과 유사하게 받아들여요. '전대상피질(anterior cingulate cortex)'이 그 주인공인데, 이곳에서는 고통으로 생기는 불쾌감을 처리해요. 그래서 외로움이 실제로 '불쾌하게' 느껴지는 거죠.[28]

이런 반응이 우리 뇌에 새겨진 건 우리의 생존 방식과 관련이 있어요. 갓 태어난 아기는 혼자서는 살아갈 수 없죠. 오랜 시간 보호자의 돌봄이 필요했기에, 우리 뇌는 외로움을 마치 신체적 고통처럼 받아들이도록 진화한 거예요.[29]

외로움이 다른 사람의 행동을 이해하는 능력에 영향을 준다는 사실에도 주목할 필요가 있어요. 우리 뇌에는 'pSTS(후측 상측두구, posterior superior temporal sulcus)'라는 영역이 있는데, 이곳은 다른 사람의 눈빛이나 표정, 몸짓 같은 사회적 신호를 이해하는 데 중요한 역할을 해요. 연구에 따르면, 외로운 사람들은 이 영역의 크기가 작아져 다른 사람의 행동을 오해하기 쉬워진다고 해요.[30]

예를 들어볼까요? 길에서 아는 사람을 보고 인사를 했는데, 그 사람이 내 인사를 받지 않고 지나갔다고 해봐요. 여러 가지 이유가 있을 수 있죠. 그 사람이 바빴을 수도 있고, 단순히 저를 못 봤을 수도 있어요. 하지만 외로운 사람은 '나를 일부러 무시하나?', '내가 싫어졌나?' 같은 부정적인 해석을 하기 쉬워요.

이렇게 부정적 해석이 습관이 되면서 사회적 관계는 더욱 어려워지고, 외로움은 점점 더 깊어지게 돼요. 눈 위에 구르며 커지는 눈덩이처럼 외로움이 커져가는 겁니다.

하지만 이런 변화가 영원히 지속되는 것은 아니에요. 적극적으로 관계를 맺으며 소통하다 보면 외로움에서 벗어날 수 있답니다. 저 역시 이런 사실을 알게 된 후, 외로움을 극복하기 위한 여정을 시작했어요.

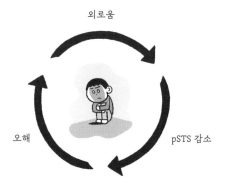

외로움의 악순환

마음의 문 가볍게 열기

가장 먼저 한 일은 "난 혼자가 편해"라는 생각에서 벗어나는 것이었어요. 이 생각이 바로 제 가능성을 제한하고 저를 고립시킨 외로운 뇌의 속삭임이라는 걸 알게 됐거든요. 대신 용기를 내어 사람들에게 다가가기 시작했어요. 하지만 무작정 아무나 만나는 게 아니라, 저와 잘 맞는 사람들을 찾는 데 집중하기로 하면서요.

그래서 새로운 사람들을 찾기 전에 옛 친구들에게 연락부터 해봤어요. "요즘 어떻게 지내?"라는 간단한 인사로 시작한 대화가 잊고 있던 소중한 인연을 되살렸죠. 망설이기도 했고 연락하는 데 꽤나 용기를 내야 했지만, 친구들의 반응은 예상보다 훨씬 따뜻했어요.

여기서 자신감을 얻어 한 걸음씩 더 나아갔어요. 친한 친구에게 새로운 사람을 소개해달라고 부탁하기도 하고, 동아리에서도 모르는 부원에게 먼저 말을 걸었죠. "안녕하세요, 저는 ○○인데요. 이 동아리에 언제 들어오셨어요?" 이런 작은 시도들이 때로는 깊은 우정으로 발전하기도 했어요.

그리고 마침내 가장 큰 도전을 했어요. 저 스스로 새로운 모임을 만든 거예요. 친한 친구와 함께 작은 독서 모임을 시작했죠. 모임을 거듭할수록 저도 차츰 능숙하게 진행할 수 있게 됐고, 어느새 멤버들이 믿고 따르는 리더가 되었어요.

이러는 동안 큰 깨달음을 하나 얻을 수 있었어요. '사람들도 사실 나를 기다리고 있었구나.' 저만 누군가를 기다린 게 아니라, 다른 사람들도 제가 마음의 문을 열기만을 기다리고 있었던 거죠. 그리고 그 문의 손잡이는 처음부터 제 손안에 있었고요.

또 하나 깨달은 건, 모든 관계가 꼭 깊을 필요는 없다는 거예요. '안녕'만 나누는 가벼운 사이, 가끔 만나 커피 한잔 하는 관계도 각자의 방식으로 의미가 있어요. 이제는 다양한 깊이와 모습의 관계들이 제 삶을 더 풍요롭게 만든다는 걸 알아요.

혹시 여러분도 예전의 저처럼 외로움에 갇혀 있나요? 변화는 생각보다 어렵지 않아요. 오늘 옛 친구에게 안부 메시지를 보내거나, 관심 있던 모임에 가입 신청을 하는 것처럼 작은 걸음부터 시작해보세요.

기억하세요, 손잡이는 언제나 여러분 손안에 있답니다. 그 문을 여는 순간, 여러분의 세상은 분명 달라질 거예요.

실 천 하 기

- ☐ 옛 친구에게 연락하기
- ☐ 친구에게 새로운 사람 소개해달라고 부탁하기
- ☐ 관심사 기반의 새로운 모임이나 동아리 참여하기
- ☐ SNS를 통해 관심사가 비슷한 사람들과 소통하기
- ☐ 부정적인 생각이 들 때 '외로운 뇌'의 착각임을 상기하기

증오하는 뇌

누군가를 깊이 미워하고 있다면

여러분, 누군가를 깊이 미워해본 적 있으신가요? 단순히 싫어하는 정도가 아닌, 그 사람이 불행해졌으면 좋겠다고 바랄 만큼 말이에요. 이 말에 누군가의 얼굴이 떠오른다면, 여러분은 이미 증오라는 감정을 경험하고 계신 거예요.

증오는 우리 삶에 깊고 복잡한 영향을 미치는 강력한 감정이에요. 일시적인 분노와는 달리, 대상을 해치고 싶은 적극적이고 공격적인 욕구를 동반하죠. 더 무서운 건, 이 감정이 시간이 지날수록 더 강해진다는 거예요.[31] 마치 곰팡이처럼 조용히, 하지만 끊임없이 자라나며 우리의 마음을 잠식해가요.

증오의 본질을 생각할 때면 두 가지 상반된 격언이 떠올라요. "눈에는 눈, 이에는 이"라는 말은 받은 만큼 되갚아줄 수 있다고 하죠. 반면 "죄는 미워하되 사람은 미워하지 말라"는 말은 잘못된 행동은 비난하되, 잘못을 한 그 사람 자체는 용서하라고 가르쳐요.

증오는 과연 정당한 감정일까요? 아니면 결국 용서의 길을 찾아야 할까요? 저 역시 이 질문들과 오랫동안 씨름했어요. 제 경험과 함께 그 답을 찾으러 가볼까요?

방치할수록 커지는 증오의 힘

저도 누군가를 깊이 미워해본 경험이 있어요. 특히 제게 말로 깊은 상처를 준 사람들에게 강한 적개심을 품었죠. 그들이 남긴 상처를 떠올릴 때마다 증오감은 눈덩이처럼 커져갔어요.

처음에는 이 증오가 정당하다고 믿었고, 구태여 이 감정을 없애거나 바꾸려고 하지는 않았어요. 이런 감정이 있어야 비슷한 상황이 다시 닥쳤을 때 단호하게 대처할 수 있을 거라 생각했거든요. 심지어 제가 겪은 고통을 그 사람도 똑같이 겪었으면 좋겠다고 바랐어요. 제가 느낀 모멸감을 그대로 돌려주고 싶었죠.

하지만 시간이 흐를수록 '이건 좀 위험하다'는 생각이 들었어요. 평화로운 순간에도 문득 그 일이 떠오르면 즉시 강렬한 분노와 적개심이 차올랐거든요. 하던 일에 집중할 수 없을 정도로요. 공부할 때 갑자기 그 상황이 떠오르기라도 하면 상대방을 맹

렬하게 저주하느라 집중을 할 수 없었고, 그 사람을 실제로 마주치기라도 하면 땀이 나고 심장이 두근거렸어요. 마치 당장이라도 싸울 것처럼요. 제가 증오감을 통제하는 것이 아니라, 점점 저 자신이 증오에 잡아먹히고 있었죠.

증오감에 잠식되기 시작하자 제 인간관계에도 악영향이 나타났어요. 사람들을 '우리 편'과 '적'으로 나누기 시작했거든요. 증오하는 사람과 가까운 사람은 모두 적으로 여겼고, 그렇지 않은 사람만 제 편이라고 생각했어요. 이러다 보니 아무 상관없는 사람들과도 사이가 멀어지고 불필요한 오해가 쌓였죠. 증오의 힘은 정말 강력했어요.

미워할 때 뇌가 하는 일

누군가를 미워할 때 우리 뇌는 마치 전투를 준비하듯 움직여요. 영국의 한 연구팀이 사람들에게 증오하는 대상의 얼굴을 보여주며 뇌 활동을 관찰했는데, 세 영역이 특히 강하게 반응했어요.[32] 바로 섬엽, 전운동 피질(premotor cortex), 내측-전두 이랑(medial frontal gyrus) 이죠.

증오하는 사람의 얼굴은 우리에게 강한 불쾌감을 줘요. 섬엽은 이런 감정을 처리하고, 전운동 피질은 공격이나 방어를 위한 움직임을 준비해요. 내측-전두 이랑은 상대방이 다음에 어떤 행

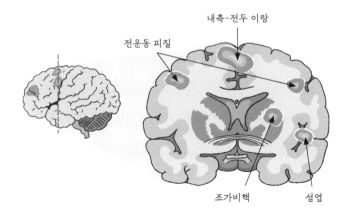

증오 회로의 구조

왼쪽은 증오감을 느끼는 사람의 뇌를 측면에서 본 모습이고, 오른쪽은 점선 부분을 앞에서 뒤로 자른 단면의 모습을 나타냅니다.

출처 : Neural Correlates of Hate(2008)

동을 할지 예측해서 우리가 대비할 수 있게 하고요.

흥미로운 건 증오와 사랑의 관계예요. 놀랍게도 이 두 감정은 뇌의 일부 영역, 섬엽과 조가비핵(putamen)을 공유하고 있어요. 이런 공통점 때문일까요? 사랑이 미움으로, 미움이 사랑으로 바뀌는 일이 생각보다 자주 일어난다고 해요. "사랑과 미움은 종이 한 장 차이"라는 말을 들어보셨을 텐데, 과학적으로도 근거가 있는 말이었네요.

하지만 둘 사이에는 중요한 차이가 있어요. 사랑을 느낄 때는 대뇌피질(Cerebral cortex)의 넓은 영역이 비활성화되는 반면[33], 증오할 때는 비활성화되는 영역이 매우 제한적이에요. 사랑이 상대방의 단점을 보지 않게 만드는 것과 달리, 증오는 상대방을 해치기 위해 끊임없이 계산하고 판단해야 하기 때문이죠.

미움의 바닥에서 찾은 것

이처럼 증오는 제 뇌를 전투를 멈추지 않는 전쟁터로 만들고 있었어요. 마치 24시간 내내 적과 대치하는 군인처럼, 제 뇌는 잠시도 쉬지 못하고 긴장 상태를 유지했죠. 이 사실을 알고 나니 제가 얼마나 뇌의 에너지를 낭비해 왔는지 실감이 났어요.

증오란 결국 미워하는 대상을 사랑하는 사람처럼 자꾸 생각하는 일인데, 미워하는 사람을 그렇게 생각하고 또 생각하다니 이거야말로 낭비 중에 낭비가 아닐까요? 이런 증오를 더는 지속하고 싶지 않았어요. 제 삶의 소중한 순간들이 증오라는 감정에 잠식당하는 걸 지켜보는 게 너무 힘들었거든요. 결국 저는 다른 길을 찾아야 했어요. 그 길은 바로 용서였죠. 쉽지는 않겠지만 시도해보기로 했어요.

내키진 않지만 용서를 해보기 위해서 제 증오의 밑바닥으로 내려가보았습니다. '그 말에 왜 그렇게 모멸감을 느꼈을까', '그 당시에 내가 어떻게 생각했지?' 하면서 마음을 가라앉히고 제 증오의 구조를 차근차근 들여다보았죠. 그랬더니 그 바닥에서 용서해야 할 또 다른 한 사람을 발견할 수 있었어요. 그것은 바로 저 자신이었죠.

놀랍게도 남을 용서하기 전에 먼저 용서해야 할 대상은 다름 아닌 저였어요. 다른 사람을 향한 증오의 바닥에는 사실 저 자신을 향한 실망이 있었거든요. 상대방에 대한 미움보다 '그런 말을 들었을 때 왜 그렇게밖에 하지 못했을까', '왜 더 강하게 대처하지 못했을까' 하는 후회와 자책이 제게는 더 괴롭고 아프다는 걸 그때 알았어요.

하지만 그런 미움이 생겨났을 때와 지금은 상황이 달라졌습니다. 그동안의 경험으로 더 성장한 저는 다시 그런 상황과 맞닥뜨렸을 때 스스로를 지킬 수 있는 힘이 생겼거든요. 그래서 이제는 용서하려고 해요. 상처받은 제 자신을, 그리고 저에게 상처 준 사람들을요. 이 용서는 그들을 위해서가 아닌, 온전히 저를 위한 선택이에요. 더는 증오라는 전쟁터에서 제 에너지를 낭비하고 싶지 않거든요.

어쩌면 그 사람들에게는 시간이 더 필요할지도 몰라요. 자신의 잘못을 인정하고 용서를 구할 만큼 성숙해지는 데는 시간이 걸리니까요. 하지만 이제 저는 그들의 변화를 기다리지 않기로 했어요. 무엇보다 중요한 제 마음의 평화는 굳이 그들의 사과가 없어도 스스로 찾을 수 있다는 걸 알았으니까요.

이렇게 증오의 바닥에 숨어 있던 저 자신까지 다 용서하고 나니 놀라운 변화가 찾아왔어요. 예전에는 미워하는 사람을 마주치기만 해도 심장이 뛰고 온몸이 굳어졌는데, 이제는 그저 스쳐 지나가는 수많은 사람들 중 하나로 보이더라고요. 더 이상 가슴이 두근거리지도, 그날의 기억이 떠오르지도 않아요. 마침내 진정한 평화를 찾은 것 같아요.

새롭게 이런 생각도 들었어요. 아마 저도 모르는 사이에 누군가에게 상처를 준 적이 있었을 테고, 그들 중에는 말없이 저를 용서해주신 분들이 있었을 거라고요. 그분들의 너그러움을 생각하며, 저도 앞으로 더 너그러운 마음으로 살아가려고 해요.

복수는 승리일까요? 절대 아닙니다. 복수의 대상을 증오하느라 우리의 소중한 에너지와 시간을 낭비하고 있으니까요. 진정한 승리는 그들을 용서하고 나의 삶을 살아갈 때, 더 이상 그들에게 마음을 빼앗기지 않을 때 찾아와요.

물론 용서가 하루아침에 이뤄지는 건 아니죠. 어떤 사람들은 금방 용서할 수 있지만, 또 어떤 사람들을 용서하는 데엔 더 오랜 시간이 필요할 수 있으니까요. 자신만의 속도를 인정하고 존중하세요. 저마다 나름의 방식으로 천천히 나아가면 돼요. 무한한 관대함으로 툭 터놓고 용서하든, 저처럼 미움의 밑바닥으로 내려가 먼저 용서해야 할 사람을 찾든, 용서로 나아가는 방법은 다양합니다.

지금 이 순간을 온전히 누리며 살아가는 것, 그것이야말로 진정한 승리예요. 그중에서도 '자신을 용서하는 승리'를 꼭 누려 보셨으면 싶습니다.

증오하는 뇌

질투하는 뇌

남의 성공이 왜 배 아픈 걸까

여러분, 잠시 눈을 감고 가장 친한 친구를 떠올려보세요. 그리고 누군가가 그 친구에 대해 이런 말을 한다고 상상해봐요. "○○이가 이번에 시험에서 1등 했대." 이 말을 들었을 때 첫 번째로 드는 감정이 무엇인가요? 진심으로 기쁜가요, 아니면 어딘가 불편한 마음이 살짝 끼어드나요?

우리는 늘 누군가와 자신을 비교하며 살아갑니다. 좋은 대학에 간 친구, 고시에 먼저 붙은 동기, 좋은 집과 차를 가진 지인… SNS를 열 때마다 더 많은 비교 대상이 우리를 기다리고 있죠. 다른 사람이 가진 것들이 눈에 들어오고, 그것을 부러워하거나 내가 가진 것을 뺏길까 두려워하는 마음. 우리는 이런 감정을 '질투'라고 불러요.

조금 더 솔직해질까요? 그렇게 부러워하던 사람이 실패하거나 안 좋은 일을 겪을 때, 속으로 살짝 안도감이 드는 순간이 있지 않나요? 독일어로 '샤덴프로이데(schadenfreude)'라고 하는 이 감정, '타인의 불운에서 느끼는 미묘한 기쁨'은 우리 모두가 경험하는 거예요. SNS에서 잘나가는 사람들의 실수나 실패 소식에 유독 관심이 가는 것도 이런 이유 때문이겠죠.

이런 감정들은 인정하기는 쉽지 않지만, 우리 모두가 갖고 있는 감정이라는 것은 확실합니다. 여러분의 마음속에 있는 그 복잡한 감정들, 이제 하나씩 풀어볼까요?

질투를 없애기 어려운 이유

왜 다른 사람의 성공이 이렇게 불편하게 느껴질까요? 이 질문의 답을 찾기 위해 일본의 한 연구팀이 흥미로운 실험을 했어요.[34] 사람들에게 다른 사람의 성공과 실패 소식을 들려주면서 그때 뇌가 어떻게 반응하는지를 관찰한 거죠.

먼저 다른 사람의 성공 소식을 들을 때 전대상피질이 강하게 반응했어요. 특히 내가 관심 있는 분야에서 누군가 뛰어난 성과를 보일 때는 더욱 강하게 반응했죠. 이곳은 앞서 다루었던 '외로운 뇌'에서 보았던 그 부위예요. 신체적 고통을 처리하는 이곳이 질투를 느낄 때도 반응한다는 건, 타인의 성공이 우리 뇌에 하나

질투하는 뇌

의 '사회적 고통'으로 다가온다는 뜻이에요.

한편 질투하던 사람이 실패하는 소식을 들을 때는 또 다른 변화가 일어났어요. 이번에는 '복측 선조체(ventral striatum)'라는 부위가 활성화됐는데, 이곳은 우리가 즐거움을 경험할 때 반응하는 영역이에요. 특히 처음에 질투를 강하게 느꼈던 사람일수록, 그 대상의 실패 소식에서 더 큰 즐거움을 느꼈다고 해요. 앞서 겪은 '고통'이 해소되면서 실제로 뇌가 보상 신호를 보내는 거죠.

이제 이해가 되시나요? 우리 뇌는 타인과의 끊임없는 비교를 통해 자신의 위치를 확인하도록 설계되어 있어요. 그래서 '질투하지 말아야지'라는 다짐만으로는 이 감정을 조절하기가 쉽지 않은 거예요. 이건 우리 뇌가 세상을 바라보는 방식 그 자체니까요.

부러움을 성장의 동력으로

이처럼 질투는 너무나도 자연스러운 감정이에요. 하지만 이 감정에 사로잡히면 우리는 앞으로 나아갈 수 없겠죠. 불편한 감정이긴 하지만 질투를 이해하고 다르게 바라보면 오히려 성장의 도구로 삼을 수도 있습니다.

가장 먼저 해야 할 일은 자신이 질투하고 있다는 걸 인정하는 거예요. 불편하고 부끄러운 감정이라 외면하고 싶겠지만, 솔직하게 마주보는 게 중요해요. 질투심이 든다면 한번 가볍게 말해보세요. "와~ 부럽다!" 그것만으로도 불편함이 살짝 가실 거예요. 그리고 그 다음엔 '왜 내가 이런 감정을 느끼는 걸까?'를 스스로에게 물어보는 겁니다.

저의 경우, 친구가 시험에서 1등했다는 소식에 마음이 불편했던 적이 있어요. 왜 마음이 불편했나 가만히 들여다보니, 그 감정의 뿌리에는 '나도 다른 사람들에게 인정받고 싶다', '나도 주목받고 싶다'는 욕구가 있었어요. 이렇게 질투의 근원을 솔직하게 들여다보고 나니 마음이 한결 가벼워졌어요.

그 다음으로 중요한 건 질투를 배움의 기회로 바꾸는 거예요. 질투가 생긴다는 건 그 사람이 내게 없는 무언가를 가졌다는 뜻이니까, 오히려 그들에게서 배울 점이 있다는 신호일 수 있죠. 그 사람이 어떻게 그 자리에 올랐는지, 어떤 강점을 가졌는지 살펴보세요. 직접 연락해보는 것도 좋아요.

저는 용기를 내어 친구에게 공부 방법을 물어봤어요. 제 걱정과 달리 친구는 기꺼이 도와줬고, 덕분에 제가 부족했던 부분들을 보완하며 한 단계 성장할 수 있었죠. 대화를 나누다 보니 친구의 숨겨진 노력도 알게 됐어요. 밤늦게까지 공부하고, 어려운 문제 앞에서도 포기하지 않았던 시간들… 그동안 보지 못했던 친구의 진짜 모습을 발견하게 된 거예요.

시간이 지나고 보니 질투심이 결국 저에게 한 가지 진실을 알려준 셈이 되었어요. 우리는 모두 다른 출발선에서, 다른 속도

질투하는 뇌

로 성장한다는 거예요. 제 친구가 보이지 않는 곳에서 묵묵히 노력했듯이, 저도 제 방식대로 성장하면 되는 거죠. 이제는 다른 사람과 비교하는 대신, 제가 좋아하는 것, 잘하는 것에 집중해요. 그러다 보면 질투는 자연스럽게 호기심으로 바뀌고, 저만의 특별한 이야기가 만들어지죠.

질투는 어떻게 다루느냐에 따라 독이 될 수도, 약이 될 수도 있어요. 질투가 찾아올 때마다 그것을 성장의 신호로 받아들이고, 새로운 배움의 기회로 삼아보세요. 그때 깨닫게 될 거예요. 진정한 기쁨은 남의 실패가 아닌, 나의 성장에서 온다는 걸요.

우울한 뇌

잿빛 세상에 갇혀버렸을 때

"아무것도 하기 싫다."

정태 씨는 며칠째 침대에서 벗어나지 못하고 있어요. 평소 좋아하던 음악을 틀어보지만 그저 소음처럼 들리고, 취미로 하던 농구도 언제부터인가 발걸음이 무거워졌죠. "괜찮아?"라는 친구들의 걱정 어린 목소리도 그저 멀게만 느껴집니다.

우울증은 현대인에게 흔한 질병이 되었어요. 2022년 기준으로 우리나라의 우울증 환자는 100만 명을 넘었고, 특히 20대와 30대 청년층에서 가장 높은 비율로 나타나고 있죠.[35] 취업난과 경제적 어려움, 끊임없는 경쟁과 성과 압박, 그리고 SNS로 인한 비교 의식까지. 현대사회는 우리에게 수많은 스트레스를 안겨주고 있습니다. 게다가 코로나19 이후 사람들의 고립감과 불안감은 더 깊어져 상황은 더욱 악화되었죠.

이렇게 많은 사람들을 힘들게 하는 우울증. 우울할 때 뇌에서는 어떤 일이 일어나고 있는 걸까요? 우울한 뇌는 어떻게 다른지, 함께 알아보도록 해요.

우울한 뇌에 부족한 세 가지

우리 뇌에는 기분과 감정을 조절하는 특별한 물질들이 있어요. 이것을 '신경전달물질(Neurotransmitter)'이라고 부르는데, 마치 전령처럼 뇌 속을 돌아다니면서 즐거움과 행복감, 의욕 같은 감정을 전달하죠. 대표적으로 도파민, 세로토닌, 노르에피네프린이 있어요.

요즘 '도파민 중독'이라는 말로 접해보셨을 수도 있는 도파민은 '즐거움 물질'이라고도 불려요. 맛있는 음식을 먹거나 좋아하는 일을 할 때 분비되면서 우리에게 즐거움과 의욕을 주죠. 세로토닌은 '행복 물질'로, 기분을 안정시키고 평온함을 느끼게 해요. 노르에피네프린은 활력과 에너지를 조절하는 역할을 하고요.

우울할 때는 이런 물질들의 균형이 깨져요. 도파민이 부족해지면서 아무것도 하고 싶지 않아지고, 세로토닌이 줄어들면서 기분이 가라앉죠. 노르에피네프린도 감소하면서 온종일 피곤하고 무기력해지는 거예요.[36]

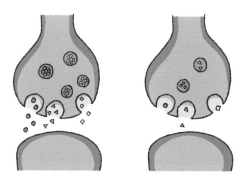

시냅스에서의 신경전달물질

왼쪽은 건강한 뇌의 시냅스에서 신경전달물질이 풍부한 모습을, 오른쪽은 우울증 상태에서 신경전달물질이 부족해진 모습을 보여줍니다.

출처 : Servier Medical Art

뇌의 구조도 달라져요. 연구에 따르면, 우울증 환자의 뇌에서는 감정을 처리하는 섬엽이 위축되고, 감정적 경험을 담당하는 편도체가 비대해진다고 해요.[37]

이런 차이는 우울한 사람들이 주변 상황을 더 부정적으로 받아들이게 만드는 요인이 될 수 있어요. 부정적인 일은 더 크게 보이고 오래 기억되는 반면, 긍정적인 일은 눈에 잘 들어오지 않죠. 마치 회색 선글라스를 쓴 것처럼, 모든 것이 우울하게 보이는 거예요.

이처럼 우울증은 단순한 슬픔이나 일시적인 기분 저하가 아닙니다. 우리 뇌의 균형이 깨지면서 나타나는 실제 질병이죠. 하지만 제가 뇌 이야기를 하면서 수차례 강조하고 있듯이, 우울증으로 인한 뇌의 변화도 영구적인 것은 아니에요. 적절한 치료와 생활 습관의 변화를 통해 뇌의 균형을 되찾을 수 있답니다. 지금부터 연구를 통해 효과가 입증된, 일상에서 실천할 수 있는 방법들을 소개해드릴게요.

1. 아침에는 밝게, 밤에는 어둡게

아침에 일어나면 커튼을 열어 햇빛을 들이고, 낮에는 잠깐이라도 밖으로 나가보세요. 특히 햇빛은 세로토닌과 비타민D 생성을 돕는 등 우리 몸에 좋은 효과가 많아, 우울증 위험을 무려 20%나 낮춰줘요.[38] 반면 밤의 인공 빛은 우울증 위험을 높인다고 하니, 밤에는 조명을 되도록 어둡게 유지하는 게 좋아요.

2. 하루 20분 꾸준히 운동하기

운동은 약물 치료만큼 우울증에 효과적인 방법이에요. 미국의 한 연구팀이 156명의 우울증 환자를 대상으로 실험한 결과, 운동한 사람들의 60%가 증상이 호전되었고, 10개월 후에는 약물만 복용한 사람들보다 재발률도 더 낮았어요.[39] 강도보다는 지속 기간이 더 중요해요. 주 3회, 하루 20분 정도 자신이 즐길 수 있는 운동을 찾아 꾸준히 해보세요.

3. 좋아하는 음악 듣기

음악은 우리의 마음을 위로해주는 따뜻한 친구 같은 존재입니다. 좋아하는 음악을 들으면 마음이 차분해지고 불안한 감정도 누그러들죠. 슬픈 음악이든 신나는 음악이든, 클래식이든 팝이든 장르는 상관없어요. 자신의 마음을 편안하게 해주는 음악과 함께 시간을 보내보세요.

4. 따뜻한 물로 목욕하기

목욕은 우울한 마음을 달래주는 자연스러운 치료제예요. 따뜻한 물의 온기가 부교감신경계를 활성화하면서 몸과 마음의 긴장을 풀어주죠. 38도 정도의 따뜻한 물에서 반신욕을 하면 좋아요. 주 2~3회, 20분간 좋아하는 음악과 함께 시도해보세요.

이런 방법들이 당장은 힘들게 느껴질 수 있어요. 그래도 괜찮아요. 아주 작은 것부터 시작해보세요. 오늘은 창문을 열어 햇빛을 들이는 것, 내일은 5분 동안 집 앞을 산책하는 것. 이런 작은 노력들이 모여 큰 변화를 만들어낼 거예요.

혼자서 모든 것을 견딜 필요는 없어요. 여러분의 어려움을 이해하고 도와줄 수 있는 전문가들이 있답니다. 특히 우울한 기분이나 무기력함이 2주 이상 지속되어 일상생활에 어려움을 겪고 계시다면, 반드시 가까운 정신건강의학과나 정신건강복지센터(1577-0199)에 도움을 요청하세요.

여러분의 본래 모습을 우울함이 살짝 가리고 있을 뿐, 언제든 다시 그 모습을 되찾을 수 있을 겁니다. 우울했던 나날들을 웃으면서 돌아보는 날이 찾아오기를 저 역시 기다리고 있을게요.

스트레스받은 뇌

뇌가 보내는 경고 신호

살다 보면 무언가에 압도되는 순간이 있어요. 해야 할 일이나 해결해야 할 문제가 너무 많거나, 큰일을 앞두고 있을 때 특히 그렇죠. 그럴 땐 괜히 나 자신이 부족하다는 생각이 들고, 과연 이걸 해낼 수 있을지 불안해지기도 해요. 이런 순간에 우리는 '스트레스받는다'고 말하죠.

스트레스(stress)는 외부 자극이나 변화에 대한 우리 몸과 마음의 반응을 의미해요. 원래 물체에 가해지는 압력을 뜻하는 물리학 용어였는데, 지금은 우리가 겪는 심리적, 신체적 부담을 가리키는 말이 됐죠.

그런데 스트레스가 항상 나쁜 것만은 아닙니다. 데이트 전날밤의 설렘이나, 첫 출근을 앞두고 느끼는 산뜻한 긴장감, 중요한 발표를 준비할 때 더 잘할 수 있는 방법을 고민하게 하는 부담감 같은 것들도 스트레스랍니다. 이런 스트레스는 오히려 우리 삶에 활력을 불어넣고 성장할 수 있게 해주는 원동력이 되죠.

문제는 스트레스가 오래 지속될 때예요. '스트레스가 만병의 근원'이라는 말, 많이 들어보셨죠? 과도한 업무나 복잡한 인간관계, 새로운 환경에 적응하는 과정에서 받는 스트레스가 계속되면 우리 몸과 마음이 견디기 힘들어져요.

그런데 스트레스는 우리 건강에 구체적으로 어떤 영향을 미치고, 어떤 점에서 안 좋은 걸까요? 이걸 이해하려면 스트레스를 받을 때 우리 몸에서 실제로 어떤 일이 일어나는지 자세히 알아볼 필요가 있습니다.

스트레스에 대처하는 뇌

위험하거나 부담스러운 상황을 마주하면, 그 신호는 눈과 귀를 통해 뇌로 전달돼요. 이 정보는 뇌의 감정 센터인 '편도체'에서 처리되는데, 편도체가 위험을 인지하면 즉시 '시상하부(hypothalamus)'에 비상 신호를 보내죠.

시상하부는 이 신호를 받아 교감신경계를 활성화해요. 이건 우리 몸을 긴급 상황에 대비하게 만드는 시스템이에요. 여러 장기에 신호를 보내 심장을 빠르게 뛰게 하고, 호흡을 가쁘게 만들며, 근육을 긴장시키죠. 부신(adrenal gland)에서는 아드레날린이 나와서 이런 변화를 돕고요. 만약 산 속에서 호랑이를 만난다면 두 번 생각해볼 필요 없이 당장 몸을 날려 숨거나, 온 힘을 다해 달려서 그 자리를 벗어나야겠죠? 그럴 때 바로 이런 반응이 일어납니다. 이처럼 스트레스 반응이라는 시스템은 우리 몸을 보호하기 위한 중요한 방어 체계예요.

스트레스 상황이 계속되면 시상하부는 또 다른 전략을 시작해요. 이번에는 뇌하수체(pituitary gland)를 거쳐 부신으로 신호를 보내 '코르티솔'이라는 호르몬을 만들어내죠. 코르티솔은 일종의 '비상 연료'로, 신체에 에너지를 공급하고 혈압을 높여서 우리 몸이 스트레스 상황에 더 오래 버틸 수 있게 해줘요.[40]

하지만 만성 스트레스로 이 코르티솔이 계속 분비되면 문제가 생겨요. 우리 몸의 대사 균형이 깨지면서 건강이 나빠지거든요. 면역력이 떨어져서 감기에 자주 걸리고, 잠도 잘 못 자고, 소화도 잘 안되죠.

만성 스트레스는 우리 뇌에도 심각한 영향을 미쳐요. 특히 기억을 담당하는 해마가 큰 타격을 입는데, 신경세포들 사이의 연결이 약해지고, 새로운 신경세포들도 잘 만들어지지 않게 되죠. 심한 경우에는 해마의 크기가 줄어들 수도 있어요. 이렇게 되면 기억력과 학습 능력이 크게 떨어지게 됩니다.[41] 뿐만 아니라 해마는 코르티솔이 과도하게 분비되지 않도록 브레이크 역할을

스트레스받은 뇌

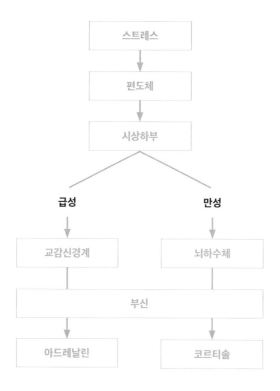

우리 뇌의 스트레스 반응 시스템

즉각적인 위험 상황에서는 교감신경계를 통해 아드레날린(에피네프린)이, 지속적인 스트레스 상황에서는 시상하부-뇌하수체-부신(HPA) 축을 통해 코르티솔이 분비됩니다.

해요. 그런데 만성 스트레스로 해마가 손상되면 이 조절 기능이 약해져서 코르티솔이 더 많이 분비되는 악순환이 생기죠. 마치 브레이크가 고장 난 자동차처럼, 스트레스 반응을 멈추기가 어려워지는 거예요.[42]

이렇듯 스트레스는 단순한 긴장감이나 불편함이 아니에요. 제때 관리하지 않으면 우리 몸과 마음에 깊은 상처를 남길 수 있답니다.

뇌를 돕는 스트레스 관리법

다행히도 스트레스에 대처할 수 있는 효과적인 방법들이 있어요. 2023년 한 연구에서는 당뇨병이 있는 중년 여성들을 대상으로 이런 방법들의 효과를 확인했는데요[43], 검증된 세 가지 방법을 소개해드릴게요.

1. 유산소 운동하기

걷기나 달리기 같은 유산소 운동을 시작해보세요. 숨이 약간 차면서도 대화할 수 있을 정도의 속도가 적당해요. 처음에는 편하게 걷는 것부터 시작해서 천천히 강도를 높여가세요. 일주일에 세 번, 한 번에 40분 정도가 좋아요.

2. 복식 호흡하기

한 손은 가슴에, 다른 손은 배에 살포시 올려주세요. 이제 코로 천천히 숨을 들이마시면서 배가 풍선처럼 부풀어 오르는 걸 느껴보세요. 배가 최대한 부풀어 오르면, 숨을 입으로 천천히 내쉬면서 배가 다시 들어가는 걸 느껴보세요. 이렇게 10회를 한 세트로, 총 4세트를 해주세요.

3. 마음챙김 명상하기

편안한 자세로 의자에 앉으세요. 허리는 자연스럽게 펴고, 발은 바닥에 평평하게 두세요. 이제 눈을 살며시 감고 호흡에 집중해보세요. 들숨, 날숨이 오가는 것을 그저 지켜보세요. 다른 생각이 떠올라도 괜찮아요. 그저 알아차리고 다시 호흡으로 돌아오면 됩니다. 이렇게 10분 동안 머물러보세요.

이 연구에 따르면 6주간 이런 방법들을 실천했을 때, 유산소 운동만 했을 때는 코르티솔이 평균 20% 감소했고, 복식 호흡과 명상을 함께했을 땐 30%까지 줄어들었어요. 꾸준히 실천하다 보면 스트레스에 더 강해지고, 마음의 평화도 찾을 수 있을 거예요.

적당한 스트레스는 우리 삶의 원동력이 될 수 있어요. 하지만 그 강도가 너무 세지면 몸과 마음이 큰 상처를 입을 수 있죠.

스트레스와 지혜롭게 마주하고 현명하게 다스리는 법을 익혀보시기 바랍니다. 이 과정 자체가 우리를 더 단단하게 성장시켜줄 테니까요.

번아웃 온 뇌

모든 에너지가 소진되었다면

저는 자타가 공인하는 '일 중독자'였습니다. 작가로서 글을 쓰고, 독자들과 소통하고, 콘텐츠를 만드는 일에 푹 빠져 살았죠. '바쁜 게 곧 성공의 증거'라고 믿으며, 힘들 때마다 더 자신을 채찍질했어요.

하지만 어느 순간, 모든 게 달라졌어요. 컴퓨터 앞에만 앉으면 머리가 멍해지고, 한 줄의 글을 쓰는 데도 몇 시간씩 걸렸죠. 전에는 즐거웠던 글쓰기가 고통이 되었고, 독자들의 반응에도 더 이상 가슴이 뛰지 않았어요. '내가 왜 이 일을 하고 있지?'라는 의문만 계속 들었죠.

사실 이런 경험이 처음은 아니었어요. 이전에도 몇 번 겪었지만, 그때마다 잠시 쉬었다가 억지로라도 다시 책상 앞에 앉았죠. 하지만 이런 패턴이 반복될수록 회복하는 시간이 점점 더 길어졌고, 일에 대한 열정도 점점 식어갔어요. 나중에서야 알게 됐지만, '번아웃(burnout)'이었어요.

이런 경험, 여러분도 낯설지 않으실 것 같아요. 한번 아래 항목들을 살펴보세요.

□ 몸과 마음이 완전히 방전된 것 같다.
□ 일을 생각하면 한숨부터 나온다.
□ 전보다 일이 잘 안 풀리고 능률이 떨어진다.
□ 아침에 눈 뜨는 게 두렵고 출근이 괴롭다.
□ 평소에 쉽던 일도 이제는 너무 버겁다.

세계보건기구(WHO)는 이런 상태를 "만성적인 직장 스트레스로 인한 증후군"이라고 정의하고 있어요. 열심히 일하는데 인정받지 못하고, 업무는 늘어만 가는데 보상은 부족할 때 우리는 지치게 되죠. 게다가 '뒤처지면 안 돼'라는 불안감에 쉬지도 못하고, 계속 새로운 걸 배워야 하는 현실이 우리를 더욱 힘들게 해요.

하지만 많은 사람들이 번아웃을 단순한 게으름이나 의지의 문제로 여겨요. '좀 더 열심히 하면 되는데', '마음가짐의 문제야'라며 대수롭지 않게 생각하죠.

번아웃 온 뇌

그런데 번아웃이 우리 뇌에 심각한 손상을 입힌다는 사실, 알고 계셨나요? 2013년 영국에서 발표된 한 연구는 충격적인 현상들을 보여주고 있어요.[44] 번아웃이 우리 뇌의 구조와 기능을 실제로 바꾸고 있다는 거죠. 어떻게 바꾸는지 함께 살펴볼까요?

번아웃이 뇌를 태우는 과정

1. 편도체의 변화: 스트레스에 민감해지다

앞서 보았듯이 편도체는 스트레스 신호를 가장 먼저 감지하고 처리하는 곳이에요. 그런데 번아웃이 진행되면서 이 편도체의 크기가 커진다는 사실이 밝혀졌어요. 이는 계속된 스트레스에 편도체가 과활성화된 결과예요. 이렇게 되면 우리는 스트레스에 더욱 민감해지게 되죠.

2. 내측 전전두피질의 변화: 스트레스 조절이 어려워지다

내측 전전두피질에서는 반대 현상이 관찰돼요. 이 부위는 편도체의 활동을 조절하는 곳인데, 번아웃이 지속되면서 점점 얇아진다고 해요. 이는 우리의 스트레스 조절 능력이 떨어진다는 걸 의미하죠. 더 우려되는 건 나이가 들수록 이런 변화가 더 뚜렷해진다는 거예요. 즉, 번아웃이 우리 뇌의 노화를 가속화할 수 있다는 뜻이죠.

3. 미상핵의 변화: 운동 기능이 떨어지다

운동 조절에 관여하는 미상핵(caudate nucleus)에서도 변화가 나타났어요. 번아웃을 겪는 사람들의 미상핵 부피가 감소해 있었는데, 이런 사람들은 손동작 같은 미세한 운동 기능이 떨어진다고 해요.

이처럼 번아웃은 하나의 악순환이에요. 스트레스로 번아웃이 왔는데, 오히려 스트레스에 더 민감해지고 이를 조절하는 능력은 떨어지죠. 심지어 운동 기능까지 떨어져요. 이런 변화들이 나타난다면, 우리 몸이 보내는 위험 신호로 받아들여야 해요. 번아웃은 결코 참고 견뎌서 해결되는 문제가 아니니까요.

무엇보다 중요한 건 '멈춤'

번아웃에 빠졌을 때야말로 우리 뇌의 회복력을 적극 활용해야 할 때가 아닌가 싶어요. 과학적으로 검증된 회복 방법들[45]을 하나씩 소개할게요.

1. 일과 거리 두기

하던 일을 멈추고 거리를 두세요. 무언가를 계속 해내야 한다는 압박감도 함께 내려놓으세요. 이렇게 거리를 두는 건 도망치는 게 아니라, 균형을 되찾고 스트레스를 조절하는 지혜로운 선택이에요.

2. 삶의 균형 잡기

일상의 기본부터 다시 챙기세요. 충분한 수면, 규칙적인 식사, 좋아하는 취미 활동처럼 기본적인 것들이 가장 중요해요. 이런 생활 리듬을 되찾는 것만으로도 안정을 찾을 수 있답니다.

3. 신체 활동 하기

주기적으로 몸을 움직여보세요. 무리할 필요는 없어요. 가벼운 산책이나 스트레칭처럼 작은 움직임부터 시작하세요. 이렇게 몸을 움직이다 보면 스트레스도 줄어들고 기분도 한결 나아질 거예요.

4. 소통하기

혼자 끌어안고 있던 마음을 나눠보세요. 특히 비슷한 경험이 있는 사람들과 이야기를 나누면서 서로를 이해하고 공감하는 시간을 가지면, 어려운 시기를 잘 견뎌낼 힘을 얻을 수 있어요.

지금 번아웃 때문에 힘드시다면, 잠시 하던 일을 멈추세요. 몸과 마음이 보내는 신호에 귀 기울이고, 자신을 돌보는 시간을 가져보세요. 때로는 혼자서 이겨내기 어려울 수 있어요. 그럴 땐 전문가의 도움을 받는 것도 좋은 선택이 될 수 있답니다. 이런 작은 변화들이 우리의 에너지를 지키고 삶의 균형을 찾아줄 거예요.

실 천 하 기

- ☐ 일과 중 10분씩 휴식 시간 가지기
- ☐ 주말엔 업무 메일 확인 안 하기
- ☐ 매일 같은 시간에 잠자리에 들기
- ☐ 하루 30분 이상 걷기나 운동하기
- ☐ 일주일에 한 번은 친구와 대화하기

지루한 뇌

즐거움 뒤의 공허함

열심히 일해서도 지칠 수 있지만, 즐겁게 놀고 난 후에도 비슷한 경험이 생길 수 있다는 걸 아시나요? 여기, 희수 씨와 민수 씨의 이야기를 들어보세요.

"드디어 제주도 간다! 이번 휴가는 정말 신나게 놀아야지!" 희수 씨는 비행기 표를 예매하며 들뜬 마음을 억누를 수 없었어요. 평소 업무에 치여 지쳐있던 터라, 이번 휴가를 손꼽아 기다렸죠. 제주도에서의 시간은 기대했던 것 이상으로 즐거워 꿈만 같았어요. 푸른 하늘 아래 오름을 오르고, 쪽빛 바다를 거닐고, 맛있는 음식을 실컷 즐기며 시간 가는 줄 몰랐죠.

하지만 일상으로 돌아온 후, 예상치 못한 일이 벌어졌어요. 몸은 여행 전보다 무거워졌고 일은 손에 잡히지 않았죠. 열심히 놀고 왔는데도 오히려 더 피곤해진 것 같았어요.

민수 씨도 비슷한 경험을 했어요. 6개월 동안 준비한 프로젝트를 성공적으로 마무리했을 때는 정말 뿌듯했죠. 팀원들과 축하 파티도 하고, 상사에게 칭찬도 받았어요. 하지만 다음 날부터가 문제였어요. 새로운 프로젝트를 시작해야 하는데, 아무것도 할 수가 없었거든요. '이상하다, 이렇게 큰 성과를 냈는데 왜 이럴까?' 하는 생각만 맴돌았죠.

뇌가 더 큰 자극을 원할 때

이런 무기력함이 꼭 휴가나 프로젝트 후에만 찾아오는 건 아니에요. 중요한 시험을 치르고 난 후에도, 큰 행사를 마친 뒤에도 비슷한 경험을 하죠. 이렇게 큰일 뒤에 찾아오는 이상한 공허함과 피로감, 다들 한 번쯤은 겪어보셨을 거예요. 왜 이런 일이 생기는 걸까요?

이 현상을 이해하려면 우선 도파민에 대해 잘 알아야 해요. 앞서 '즐거움 물질'이라 소개했지만, 도파민은 사실 동기부여와 더 밀접한 관련이 있어요. 우리 뇌에는 평소에도 일정 수준의 도파민이 있는데, 이 기저치는 일상생활을 유지하는 데 꼭 필요해요. 아침밥을 먹고, 가벼운 운동을 하고, 친구와 수다를 떠는 것처럼 평범한 일상을 보내는 데에도 일정량의 도파민이 있어야

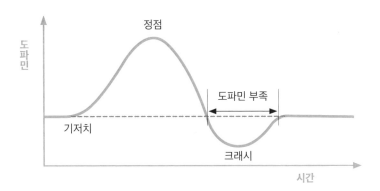

도파민 크래시

출처 : Negative effects of increasing dopamine (2023)

한답니다.

그런데 여행이나 큰 프로젝트처럼 특별한 일이 있을 때는 도파민이 평소보다 훨씬 많이 분비돼요. 덕분에 평소보다 더 많은 에너지가 생기고 집중력도 높아지죠. 문제는 이렇게 도파민 분비가 급격히 늘어나면 우리 몸의 항상성에 따라 반드시 큰 폭으로 떨어진다는 거예요. 이런 현상을 흔히 '도파민 크래시(dopamine crash)'라고 하는데, 올라간 만큼 떨어지는 폭도 커진답니다. 즐거운 여행이 끝난 후의 허탈감, 큰 프로젝트를 마친 후의 공허함이 바로 이 때문이에요.

더 큰 문제는 이런 크래시를 자주 겪을수록 우리 뇌의 도파민 기저치가 점점 낮아진다는 거예요. 그러다 보면 새로운 도전

127

이나 성취는 물론, 좋아하는 음악이나 맛있는 음식 같은 일상적인 즐거움에도 뇌가 반응하지 않게 되어버려요. 결국 일상의 소소한 기쁨을 잃어버리고, 자극적인 활동만 찾게 되는 거죠.[46]

잔잔하게 도파민 디톡스

다행히 도파민 기저치는 시간이 지나면 서서히 예전과 같은 수준으로 회복돼요. 문제는 '어떻게' 회복시키느냐예요. 크래시가 왔을 때 새로운 자극을 찾아 다른 활동을 하면 오히려 상태가 더 나빠질 수 있어요. 이럴 때 우리에게 필요한 건 새로운 자극이 아닌, 진정한 의미의 '멈춤'이에요.

지난 일들을 차분히 정리하고 돌아보는 시간을 가져보세요. 큰 프로젝트를 마쳤다면 그동안의 과정을 기록으로 남기거나, 즐거웠던 여행이 끝났다면 사진을 정리하며 추억을 되새기는 거예요. 때로는 그냥 가만히 멍 때리며 생각을 정리하는 것도 좋아요. 아무것도 하지 않는다고 죄책감을 느낄 필요 없어요. 그 순간에도 도파민은 자연스럽게 회복되고 있으니까요.

평상시에도 마찬가지예요. 끊임없이 뇌를 자극하는 걸 멈추고, 작은 휴식의 리듬을 만들어보세요. 쉬는 시간에는 스마트폰을 들여다보는 대신 낮잠을 자거나 산책을 하고, 독서나 명상 같은 잔잔한 활동을 해보세요. 처음엔 심심하고 답답할 수 있지만, 이런 '잔잔함'이 뇌를 맑게 해주고 다시 집중할 수 있는 힘을 줄 거예요.

　　지금 바로 이 책을 잠시 덮고 산책을 나가보는 건 어떨까요? 아무 생각 없이 걷다 보면, '멈춤'이 주는 특별한 힘을 느낄 수 있을 거예요.

중독된 뇌

우리가 멈추지 못하는 이유

준현 씨는 아침에 눈을 뜨자마자 습관처럼 쇼츠 앱을 열었어요. 무한 스크롤에 빠져 영상을 보다 보면 어느새 시간은 훌쩍 지나 있고, 머리는 지끈거리고 몸은 천근만근이었죠. 하루를 시작하기도 전에 이미 지쳐버린 기분이었어요.

밤에도 마찬가지였어요. 아무리 "오늘은 진짜 일찍 자야지!"라고 다짐해도, 어느새 TV 앞에 앉아 넷플릭스를 켜고 있었죠. '다음 화' 버튼은 마법처럼 준현 씨를 유혹했고, "한 편만 더 볼까?" 하는 생각은 멈추지 않았어요. 정신을 차려보면 어김없이 새벽 3시, 4시. 다음 날에도 같은 실수를 반복했죠.

그러던 어느 날, 준현 씨는 거울 속 자신의 모습에 깜짝 놀랐어요. 퀭한 눈, 푸석한 피부, 피로에 전 표정… 디지털 기기에 빼

앗긴 시간이 남긴 흔적이었죠.

    디지털 기기가 일상이 된 지금, 우리는 모두 조금씩 중독이라는 증상을 경험하고 있어요. 우리는 왜 멈추지 못할까요? 어떻게 해야 이 상황에서 벗어날 수 있을까요? 우선 뇌가 어떻게 중독에 빠지는지 그 과정부터 함께 살펴봐요.

자극이 중독으로 바뀌는 과정

중독(addiction)이란 '어떤 행동이나 물질에 심리적으로 의존하게 되어 강한 갈망을 느끼는 상태'를 말해요. 그리고 이런 중독은 세 단계를 거치며 점점 더 심해집니다.[47]

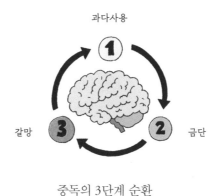

중독의 3단계 순환

출처 : Aquila Recovery Clinic

첫 번째는 '과다 사용 단계'예요. 쇼츠를 보면 처음에는 기분이 좋고 즐거워요. 뇌의 보상 회로가 활성화되면서 도파민이 분비되기 때문이죠. 하지만 계속 보다 보면 도파민 수용체가 둔감해져서 같은 정도의 만족감을 느끼기가 어려워져요. 그래서 점점 더 자극적인 콘텐츠를 찾게 되고, 그런 행동이 습관이 되어버리죠.

두 번째는 '금단 단계'예요. 폰을 못 만지면 불안하고 짜증이 나기 시작해요. 뇌의 '확장편도체(extended amygdala)'가 스트레스 물질을 분비하기 때문인데, 이때는 일상적인 즐거움도 잘 느끼지 못하죠. 책을 읽거나 친구를 만나도 예전처럼 재미있지 않아요. 결국 이 불편한 감정에서 벗어나기 위해 다시 폰을 찾게 돼요.

마지막은 '갈망 단계'예요. 이성적으로는 "그만해야지"라고 생각하면서도 자꾸 폰 생각이 나요. 전전두피질(prefrontal cortex)은 감정과 충동을 조절하는 역할을 하는데, 중독이 되면 이런 조절 능력이 약해져요. 그래서 하고 싶은 마음을 통제하기가 점점 더 어려워지죠. 마치 브레이크가 고장 난 자동차처럼, 멈춰야 할 때 멈추지 못하는 거예요.

이 세 단계는 서로를 강화하며 우리를 점점 더 깊은 수렁에 빠지게 만들어요. 즐거움을 찾다가, 불편함을 피하려 하다가 통제력을 잃게 되는 거죠. 이는 디지털 기기뿐만 아니라 술, 담배, 마약 등 모든 종류의 중독에서 동일하게 나타나요.

지금까지 중독의 메커니즘을 살펴봤는데요, 그렇다면 이런 중독의 고리를 어떻게 끊을 수 있을까요? 스탠포드대학교 중독의학 교수 애나 램키(Anna Lembke)는 책 『도파민네이션』에서 도파민을 관리하기 위한 여러 방법을 소개했어요.[48] 그중에서 특히 효과적인 세 가지 방법을 살펴볼게요.

1. 자기 구속 전략

자기 구속 전략은 나와 중독 대상 사이에 의도적으로 장애물을 만드는 거예요. 예를 들어 SNS 앱을 삭제하거나, 스마트폰 사용 시간을 하루 1시간으로 제한하는 거죠. 중독 대상까지 도달하는 수고로움이 자연스럽게 그 행동을 포기하게 만들어요.

2. 감정 알아차리기

중독이 되면 금단 현상으로 인해 불안하고 짜증나는 감정이 찾아와요. 이때 중요한 건 이 감정을 피하지 않는 거예요. "아, 지금 불안한 마음이 드는구나" 하고 그저 관찰하는 거죠. 처음에는 이 감정이 계속될 것 같지만, 시간이 지나면 자연스럽게 사라져요.

3. 고통과 마주하기

의도적으로 고통을 초래하는 도전을 해보세요. 매일 아침 조금 일찍 일어나기, 차가운 물로 샤워하기, 운동하기 같은 것들이죠. 이런 경험들은 처음에는 고통스럽지만, 그것을 견디고 나면 쾌락을 선사해요. 결과적으로 우리 뇌의 통제력을 강화하고, 건강한 방식으로 도파민을 분비하게 도와주죠.

렘키 교수는 최소 30일의 '도파민 단식'이 필요하다고 말해요. 처음 2주는 특히 힘들 거예요. 도파민이 부족해서 모든 것이 재미없고 의욕도 없을 테니까요. 하지만 이 시기만 견디면 뇌가 균형을 되찾으면서 일상에서 다시 즐거움을 찾을 수 있게 돼요.

도중에 실패해도 괜찮아요. 디지털 세상은 우리가 사는 환경이 되어 버렸으니까요. 중요한 건 다시 시작하는 용기예요. 한 걸음씩 나아가다 보면, 더 나은 선택을 하고, 더 건강해진 자신을 만나게 될 거예요.

실 천 하 기

☐ SNS 앱 하나 삭제하고 일주일 버텨보기

☐ 스마트폰 사용 시간 하루 1시간으로 제한하기

☐ 불안하거나 짜증날 때 감정 관찰하기

☐ 매일 아침 찬물로 샤워하기

☐ 하루 40분 이상 운동하기

성장의
뇌과학

뇌의 잠재력을 깨우는
뇌 활용법

2부
Brain & Mind

감사하는 뇌

인생을 바꾸는 강력한 습관

"감사합니다." 이 말, 여러분은 언제 마지막으로 하셨나요?

아마 아까 카페에서 주문한 커피를 받을 때 하시지 않았을까요? 그런데 여러분, 우리는 일상에서 과연 얼마나 자주 진심 어린 감사를 표현하고 있을까요? 돈을 지불하고 받은 커피 한 잔에는 자연스레 "감사합니다"라고 말하면서, 어머니가 정성껏 차려 주신 식사 앞에서는 그저 "잘 먹었어요" 하거나 그마저도 잊은 채 서둘러 집을 나서곤 하죠. 낯선 이에게는 쉽게 감사를 표현하면서, 정작 가까운 이들에게는 그 말을 아끼게 되는 걸 보면 참 아이러니한 일이에요.

"모든 일에 감사하라." 종종 듣게 되는 충고지만, 요즘 같은 경쟁 사회를 사는 사람들에게는 좀처럼 와닿지 않는 것 같아요.

139

치열한 경쟁 속에서 어렵게 성과를 이뤄냈다 보니, 오로지 나의 피나는 노력만 떠올라서일까요? 사실은 알게 모르게 주변의 도움이나 지지를 받았다는 것을 잊어버리거나 당연하게 여기기도 하니까요. 그러니 감사의 필요성도 잘 느끼지 못하고요.

그런데 말이에요, 놀랍게도 많은 성공한 리더들이 자신의 성공 비결로 '감사'를 꼽는다고 해요. 미국 최고의 방송인 오프라 윈프리(Oprah Winfrey)나 버진그룹의 창립자 리처드 브랜슨(Richard Branson) 같은 사람들은 매일 의식적으로 감사를 실천한다고 하죠. 이렇게나 바쁘고, 큰 성공을 이룰 만큼 자기 능력도 출중한 사람들이 사람들이 하필 감사에 시간을 할애하는 이유는 무엇일까요?

감사가 우리 뇌에 어떤 놀라운 변화를 일으키는지 안다면 여러분도 감사를 실천해야겠다는 생각이 드실 거예요. 여러분의 인생을 바꿀 수 있는 감사의 힘, 함께 알아볼까요?

감사를 느낄 때 뇌가 하는 일

감사가 우리 뇌에 어떤 영향을 미치는지, 알아본 흥미로운 연구가 있어요. 2015년 미국에서 발표한 연구로, 연구진은 실험 참가자들에게 깊은 감사를 느낄 만한 상황을 떠올리게 했어요. 특히 홀로코스트(Holocaust, 제2차세계대전 중 나치에 의해 600만 명 이상의 유대인이 희

감사하는 뇌

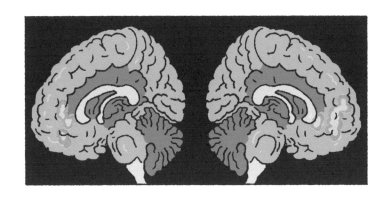

감사를 느낄 때 활성화되는 내측 전전두피질

출처 : Neural correlates of gratitude(2015)

생된 대학살 사태)라는 극한 상황에서 낯선 이에게 도움을 받는 이야
기를 읽게 하고, 그때의 뇌 활동을 관찰했죠.[49]

그 결과, 사람들이 감사를 느낄 때 '내측 전전두피질(medial
prefrontal cortex)'이라는 영역이 특별히 활성화된다는 사실을 발견
했어요. 이 영역은 도덕적 판단, 가치 평가, 공감 능력 같은 고차
원적인 정신 활동을 담당하는 곳이에요.

예를 들어, 누군가의 도움을 받았을 때 우리 뇌는 이런 생각
들을 해요.

"이 사람이 나를 위해 귀중한 걸 포기했구나." 이 생각은 뇌
가 '도덕적 판단'을 한다는 것을 의미해요.

"이 도움이 나에게 얼마나 소중한지…" 이렇게 '가치 평가'

도 함께 하고요.

"저 사람은 어떤 마음으로 나를 도와준 걸까." 또 이런 식으로 '타인의 마음을 이해'하는 활동도 동반되죠.

이걸 보면 "고마워"라는 말 한마디 속에 얼마나 깊은 의미가 담겨있는지 실감하게 돼요. 감사를 느끼는 순간 우리 뇌는 그 상황의 의미를 이해하고, 도움의 가치를 헤아리며, 상대방의 마음까지 생각하는 복잡하면서도 긍정적인 활동을 수행하는 거죠. 자주 감사를 느끼고 또 표현하다 보면 이 긍정적인 활동을 뇌가 계속 반복하는 셈이 되겠죠? 이것이 감사를 통해서 마음을 더 건강하게 가꿀 수 있고, 다른 사람들과도 더 따뜻한 관계를 만들어갈 수 있는 이유랍니다.

더 놀라운 점은 감사가 뇌에 미치는 긍정적인 효과가 오래 지속된다는 거예요. 다른 연구에서는 3개월 동안 감사 편지를 쓴 사람들을 관찰했는데, 이들은 나중에 감사를 느낄 때 내측 전전두피질이 더 활발하게 반응한다는 걸 발견했어요.[50] 이는 감사를 꾸준히 실천하면 우리 뇌가 감사를 더 잘 느끼도록 훈련될 수 있다는 걸 보여주죠.

이제 성공한 리더들이 왜 그토록 감사를 강조하는지 이해가 되시나요? 감사의 놀라운 힘을 알고 실천해왔기에 그처럼 큰 성공의 원동력을 얻을 수 있었던 거예요. 이제 그들처럼 감사의 힘

감사하는 뇌

을 활용해볼 차례랍니다.

소소하게 실천하는 감사 훈련

그냥 감사만 하면 되는데 이렇게 놀라운 효과가 있다니, 한번 따라 해보지 않을 이유는 없겠죠. 저도 뇌가 '감사 훈련'을 할 수 있도록 몇 가지 방법을 써봤어요.

　가장 먼저 시작한 건 매일 밤 감사 일기 쓰기예요. 처음에는 이렇게 간단하게 썼죠.

> 2024. 07. 21. 일요일
>
> 1. 오늘 가족과 맛있는 저녁을 먹었어요.
>
> 2. 지난달 프로젝트를 무사히 마쳤어요.
>
> 3. 이 책을 쓸 수 있게 도와준 친구에게 고마워요.

　꼭 아이들이 쓴 일기 같죠? 감사할 일을 찾아 적는다는 게 좀 어째 좀 멋쩍기도 했는데, 의외로 이것만으로도 상당히 기분이 좋아지더라고요. 하루를 돌아보며 감사한 일을 찾다 보니 그날의 좋았던 순간들이 더 선명하게 떠올랐거든요. 힘들었던 날에도 숨어 있던 작은 기쁨들이 보이기 시작했고, 덕분에 하루를 기분 좋게 마무리할 수 있었죠.

그러다 특별한 걸 발견했어요. 내가 이미 가지고 있는 것들을 떠올려보게 된 거예요. 따뜻한 이불, 안전한 집, 건강한 몸… 전에는 너무나 당연하게 여겼던 것들이 사실은 얼마나 큰 축복인지 깨닫게 되었죠. 그러다 보니 새로운 것을 바라는 마음은 줄어들고, 지금 이 순간 누리고 있는 것들에 대한 고마움이 커지더라고요.

이런 깨달음은 자연스럽게 주변 사람들에게 감사를 표현하는 것으로 이어졌어요. 늘 제 이야기를 들어주는 친구에게 "항상 내 고민을 잘 들어줘서 고마워"라고 말했더니, 쑥스러워하면서도 꽤 기뻐하는 걸 느낄 수 있었어요. 그 순간 제 기분도 좋아졌고, 친구와의 관계는 한층 더 돈독해졌어요.

이제는 어려운 상황에서도 감사할 거리를 발견하게 됐어요. '지하철에 사람이 꽉 차서 가방에서 태블릿을 꺼낼 수도 없네. 손에는 당장 읽을 책을 들고 있어서 다행이야.', '이번 감기는 오래 가네. 그래도 시험 기간에 걸리지 않아서 정말 다행이야.' 이런 식으로요. 실수나 실패마저도 성장의 발판이라고 여기게 되니, 일상의 모든 순간이 감사함으로 가득해졌어요.

여러분도 오늘부터 감사를 실천해보세요. 이 글을 읽고 있는

감사하는 뇌

지금 이 순간, 감사할 만한 게 무엇이 있을까요? 따뜻한 햇살, 차한 잔의 여유, 혹은 그저 숨 쉬고 있다는 사실만으로도 우리는 감사할 수 있어요. 이렇게 하다 보면, 여러분도 느끼실 거예요. 우리 삶에 감사할 일이 얼마나 많은지 말이에요. 전에는 당연하게 여겼던 것들이 얼마나 특별한 선물이었는지도 깨닫게 될 거예요.

행복은 멀리 있지 않아요. 감사하는 마음으로 바라보면, 우리의 일상은 이미 충분히 행복하답니다. 감사로 삶을 채워나가는 기쁨을 꼭 느껴보시기 바랍니다.

실 천 하 기

☐ 매일 밤 감사한 일 세 가지 메모하기

☐ 하루에 한번, 주변 사람에게 "고마워"라고 말해보기

☐ 아침에 일어나면 감사한 것 하나를 떠올려보기

☐ 힘든 일이 있을 때도 그 안에서 배울 점을 찾아보기

☐ 작은 행복(따뜻한 커피, 좋은 날씨)에 감사해하기

추억하는 뇌

뇌의 보물 상자를 여는 시간

집에 금고를 두고 귀금속이나 비상금을 보물처럼 보관하는 사람들이 있죠. 그런데 우리 모두에게는 금고가 필요 없는 아주 특별한 보물이 있습니다. 눈에 보이진 않지만 마음속 깊이 간직하고 있는, 바로 '추억'이라는 보물이죠. 추억은 마치 타임캡슐처럼 각 세대만의 특별한 문화와 이야기를 담고 있어요.

80년대 후반~90년대 초반에 자란 분들은 어떤가요? 삐삐 소리에 설레던 마음, 오락실에서 친구들과 어깨를 부딪치며 즐겼던 게임들, 그리고 동네 골목에서 딱지치기, 고무줄놀이 하며 시간 가는 줄 몰랐던 그날들이 떠오르시나요?

90년대 후반부터 00년대 초반은 또 달랐죠. 인터넷과 함께 자란 첫 세대, 주전자닷컴과 야후꾸러기에 빠져 집에 오는 것도 잊었던 기억, 주니어네이버로 숙제하고 플래시 게임으로 시간을 보내던 나날들… MSN 메신저나 버디버디로 밤새 나눴던 대화들이 아직도 생생하시죠?

이렇게 세대마다 추억의 모습은 달라도, 그 속에 담긴 감정은 비슷해요. 그 시절을 떠올리면 자연스레 미소가 피어나고, 마음이 따뜻해지죠. 때로 힘들고 지칠 때 우리에게 위안이 되기도 하고요. 하지만 추억을 떠올리다 보면 마음 한편이 아련해지기도 해요. 그 시절로 돌아가고 싶지만 돌아갈 수 없다는 걸 알기에, 그리움과 슬픔이 교차하죠. 이런 복잡한 감정을 우리는 '노스탤지어(nostalgia)', 즉 향수라고 불러요.

그런데 신기하게도, 이렇게 향수를 느낄 때마다 우리 뇌 속에서는 마법 같은 일이 일어난답니다. 이 과정이 우리 뇌에 어떤 선물을 안겨주는지, 함께 알아볼까요?

추억하는 뇌의 마법

향수는 우리 뇌의 여러 부분을 동시에 깨워요. 마치 오케스트라의 각 악기가 하나의 아름다운 선율을 만들어내듯, 뇌의 여러 영역이 조화롭게 작동하기 시작하죠. 특히 해마가 활성화되면서 과거의 기억이 생생하게 떠오르고, 내측 전전두피질이 켜지면서 자신을 돌아보고 새로운 의미를 발견해요. 복잡했던 감정들이 조화를 이

147

루면서 앞으로 나아갈 힘도 생겨난답니다.[51]

이렇게 시작된 변화는 우리 마음에 놀라운 선물을 가져다줍니다. 외롭거나 불안한 마음이 한결 가벼워지고, 자존감도 높아지며, 삶의 의미를 더 깊이 느끼게 되죠. 다른 사람들과의 관계도 자연스레 더 따뜻하고 깊어지고요.[52]

그런데 향수의 진짜 특별한 점은 따로 있어요. 우리 모두에겐 잊고 싶은 기억도 있잖아요? 그런 아픈 기억을 떠올릴 때면 그때의 상처나 자책감이 다시 몰려오곤 하죠. 이때 향수가 아픈 기억을 바라보는 관점을 바꾸는 데 도움을 줄 수 있답니다.

기억을 떠올릴 때마다 우리 뇌는 그 기억을 잠시 불안정한 상태로 만들어요. 과학자들은 이것을 '기억 재통합(memory reconsolidation)'이라고 부르는데, 단단하게 굳어 있던 기억이 잠시 말랑말랑해지는 거라고 이해하시면 됩니다. 이때 우리는 새로운 경험과 생각으로 그 기억을 수정할 수 있죠.[53] 향수는 마치 장밋빛 필터처럼 작용해서, 과거의 기억을 더 아름답게 바라보게 해줘요.[54]

예를 들어 행복했던 순간을 먼저 떠올린 다음, 그 감정을 안고 힘들었던 경험을 돌아보는 거예요. 그러면 전에는 실수라고만 생각했던 일들이 '소중한 배움의 순간'으로 보이기 시작해요. 부정적으로만 여겼던 과거도 우리를 성장시킨 의미 있는 경험으로 보이게 되죠.

148

이처럼 향수는 단순히 추억을 떠올리게 하는 것을 넘어, 아픈 기억조차도 감싸주는 '뇌의 마법'이랍니다.

그리움으로 치유하는 아픈 기억

앞서 조금 이야기했었지만, 저는 자라면서 중학교 시절이 유독 힘들었답니다. 그때의 기억은 제게 오랫동안 아픔으로 남아 있었어요. 고등학교 입시에 떨어지고, 친구들의 말에 상처받아 활발하던 성격이 내향적으로 바뀐 시기였거든요. 그 시절을 떠올리면 마음이 아파 동창들과 연락을 끊고, 학교 근처를 지나치는 일도 일부러 피할 정도였죠.

그러다 어느 날, 그 시절 유일하게 마음을 터놓았던 친구에게서 연락이 왔어요. 오랜만에 만나 밥을 먹으며 그때 이야기를 나누다 보니, 문득 어릴 적이 그리운 마음이 들었어요. 용기를 내어 그때의 기억을 하나씩 떠올려봤더니, 놀랍게도 행복했던 순간들도 많이 있더라고요. 친구들과 함께 게임을 즐기던 시간, 쉬는 시간에 배드민턴을 치며 웃던 모습, 노래방에서 목이 쉴 때까지 노래하던 추억… 이런 소중한 순간들이 제 마음 한편에 고스란히 남아 있었어요.

더 놀라운 건, 그 시절의 아픈 기억들조차 지금의 제게는 의미 있는 경험으로 남게 되었다는 거예요. 그때의 어려움을 겪으며 제가 더 성숙해지고, 다른 사람의 아픔에 공감할 수 있는 사람으로 성장했다는 걸 깨달았거든요.

이제는 그 기억들을 부끄러워하지 않고, 오히려 제 삶의 중요한 부분으로 받아들일 수 있게 됐어요. 심지어 언젠가 기회가 된다면 학교를 다시 방문해보고 싶다는 생각도 들어요. 어느 날 문득 느낀 향수, 그 그리움의 감각이 제 과거를 새롭게 바라볼 힘을 주었답니다.

여러분도 한번 시도해보세요. 먼저 어렸을 적 좋았던 기억들을 떠올려보세요. 그때 즐겼던 게임, 자주 걸었던 거리, 만났던 친구들… 그 시절의 행복했던 순간들을 하나씩 되새겨보는 거예요. 위에서 설명한, 향수를 느낄 때 뇌에 일어나는 작용들을 하나하나 거쳐가면서요.

그리고 마지막 단계, 긍정적인 감정에 젖어들어 준비가 되었을 때 힘들었던 기억들도 조금씩 꺼내보세요. 천천히, 자신만의 속도에 맞춰 나빴던 기억에서도 좋은 점을 찾아보는 거예요. 흑역사라고 생각했던 일에서 배운 점은 없었는지, 그 경험이 나를 어떻게 성장시켰는지 돌아보는 거죠.

이렇게 하다 보면 놀라운 발견을 하게 될 거예요. 힘들었던 과거가 꼭 나쁘기만 한 게 아니었다는 걸, 그리고 그 모든 경험이 지금의 나를 만들어왔다는 걸 깨닫게 될 테니까요.

추억하는 뇌

추억은 단순히 과거의 기억이 아니에요. 그것은 우리 삶의 이야기를 엮어가는 실과 같아서, 과거와 현재, 그리고 미래를 하나로 연결해주죠. 어제의 추억은 오늘의 우리에게 힘이 되고, 오늘의 경험은 내일의 추억이 되어갑니다.

자, 이제 잊고 있었던 마음속 보물 상자를 열어볼까요? 그 안에 어떤 보물들이 숨어 있는지, 스스로 찾아볼 시간이에요.

실 천 하 기

☐ 옛날 사진이나 물건들을 정리해서 추억 앨범을 만들어보기

☐ 친구나 가족과 함께 그때 그 시절 이야기 나누기

☐ 추억이 있는 장소를 다시 방문해보기

☐ 어린 시절 즐겨 하던 활동을 다시 해보기

☐ 매일 밤 오늘 하루의 좋았던 순간들을 기록해보기

칭찬하는 뇌

뇌가 사랑하는 최고의 보상

"칭찬은 고래도 춤추게 한다"라는 말 들어보셨죠? 정말 그런 것 같아요. 누군가에게 들은 작은 칭찬 한마디에 얼굴에 미소가 피어나고, 하루 종일 기분이 좋아지는 경험, 한 번쯤 해보셨을 거예요.

처음 보는 사람과도 칭찬을 주고받다 보면, 어색했던 분위기가 자연스럽게 녹아내리고 서로가 한결 가까워지는 걸 느낄 수 있어요. 마치 마법처럼 대화가 술술 풀리면서 신뢰가 쌓이죠. 그래서 사람들이 칭찬을 인간관계의 윤활유라고 부르나 봐요.

그런데 칭찬이 단순히 기분만 좋아지게 하는 것으로 그치지 않는다는 사실, 알고 계셨나요? 일본의 한 연구에서는 48명의 참가자들에게 손가락을 특정 순서로 빠르게 두드리는 과제를 주었어요. 참가자들은 훈련 후 세 그룹으로 나뉘었는데요. 칭찬을 받은 그룹, 다른 사람이 칭찬 받는 걸 본 그룹, 칭찬을 받지 못한 그룹이었죠. 흥미로운 점은 24시간 후 측정했을 때, 칭찬을 받은 그룹이 가장 큰 실력 향상을 보였다는 거예요.[55]

어떻게 이런 일이 가능했을까요? 그 비밀은 우리 뇌가 칭찬을 받아들이는 방식에 있답니다. 칭찬을 들었을 때 뇌에서는 어떤 일이 일어나는지 함께 알아볼까요?

뇌가 칭찬을 좋아하는 이유

우리 뇌는 칭찬을 특별한 보상으로 받아들여요. 이 보상에는 두 가지 중요한 요소가 있답니다. 하나는 즉각적인 행복감이고, 다른 하나는 더 잘하고 싶은 동기예요.

칭찬을 들을 때 뇌에서는 복측 선조체가 활성화되는데, 이곳은 앞서 보았듯 즐거움을 느낄 때 반응하는 영역이에요. 칭찬을 받으면 중뇌에서 복측 선조체로 도파민이 전달되는데[56], 이것이 바로 칭찬이 우리에게 기분 좋은 경험이 되는 이유랍니다.

거기다 도파민의 역할은 그걸로 끝나지 않아요. 도파민은 우리가 배운 것을 더 잘 기억하고 습관으로 만드는 데도 매우 중요한 역할을 해요. 특히 뇌세포들이 서로 더 잘 연결되도록 도와서, 새로운 기술이나 행동을 배울 때 뇌의 변화를 촉진한답니다.[57] 그래서 칭찬을 받으며 배운 것은 더 잘 기억되고, 더 자연스럽게 몸에 배게 되는 거죠. 이것이 바로 칭찬을 받은 그룹이 더 큰 실력 향상을 보였던 이유예요. 칭찬은 즉각적인 행복감으로 더 하고 싶은 동기를 주는 동시에, 우리 뇌가 새로운 것을 배우는 과정도 도와주는 거죠. 이제 보니 칭찬은 정말 특별한 선물이네요!

스마트한 칭찬 비결 세 가지

이런 칭찬의 효과를 최대한 높이려면 어떻게 해야 할까요? 지금부터 효과적으로 칭찬하는 세 가지 방법을 알려드릴게요.

1. 구체적이고 명확하게 칭찬하기

단순히 "잘했어"라고 하기보다는 "발표 전에 꼼꼼히 준비하고, 청중들과 눈을 마주치며 자신감 있게 말하는 모습이 인상적이었어!"라고 하면 좋아요. 이렇게 구체적으로 칭찬하면 그 행동이 더 오래 기억에 남고, 다음에도 반복하게 된답니다.

2. 노력과 과정을 칭찬하기

"넌 정말 똑똑해!"보다는 "어려운 문제를 끝까지 포기하지 않고 푸는 모습이 정말 멋져!"라고 말해보세요. 능력이 아닌 노력을 칭찬하면 성장할 수 있다는 믿음이 생기고, 더 큰 도전을 하게 된답니다.

3. 진심을 담아 칭찬하기

복측 선조체는 진정성 있는 칭찬을 들을 때 더 크게 반응해요.[58] 우리 뇌가 칭찬과 아첨을 구분할 수 있다는 뜻이죠. 실제로 이룬 성취나 보여준 노력에 대해서만 진심을 담아 칭찬하세요.

주의할 점도 있어요. "네가 반에서 제일 잘했어!"처럼 다른 사람과 비교하는 칭찬은 피하세요. 불필요한 경쟁심을 불러일으킬 수 있거든요. 또 "앞으로도 계속 이렇게만 해"라는 말처럼 과도한 기대나 부담을 주는 말도 조심해야 해요. 지금 이 순간의 노력과 성취를 인정해주는 것이 중요하니까요.

오늘부터 주변 사람들에게 작은 칭찬을 건네보세요. 여러분의 진심 어린 칭찬 한마디가 누군가의 하루를, 어쩌면 인생도 변화시킬 수 있답니다. 그저 말 한마디로 그럴 수 있다고 생각하면 참 멋지지 않나요. 이제 칭찬의 과학적 원리도 알았으니, 더 현명하게 칭찬할 수 있겠죠? 칭찬의 마법, 지금 시작해보세요!

공감하는 뇌

T든 F든 알아야 할 공감의 기술

"너 T야?"

힘들어서 누군가에게 마음을 털어놨는데, 돌아온 건 차가운 조언뿐이었던 적 있나요? 위로받고 싶었던 순간에 "그냥 이렇게 하면 되잖아"라는 말에 서운했던 기억, 한 번쯤은 있으실 거예요.

MBTI의 대유행 이후 우리는 그럴 때 "너 T야?"라는 말로 서운한 마음을 표현하곤 해요. T형은 사고형, 즉 사실과 논리 위주로 판단하고 F형은 감정과 관계를 중심으로 판단한다고 하죠. 하지만 정말 T형은 공감을 못하고 F형은 공감을 잘하는 걸까요? 여기, F형인 수민 씨와 T형인 원재 씨의 대화를 한번 보세요.

"원재야…"

수민 씨의 목소리가 무겁습니다.

"왜? 무슨 일 있어?"

"오늘 면접 결과 나왔어. 떨어졌대…"

"아, 그래? 면접 질문들 정리해놨지? 이번 경험을 바탕으로 다시 준비하면 잘될 거야!"

"(서운) 이럴 땐… 그냥 위로해주면 안 돼…?"

"(당황) 어, 그게… 난 너 도와주고 싶어서…"

얼마 후, 이번에는 원재 씨가 수민 씨에게 연락했습니다.

"수민아, 너한테 말해줄 게 있어."

"응? 무슨 일이야?"

"나… 회사 그만두고 창업하려고."

"뭐? 미쳤어? 너 지금 제정신이야?"

"응, 많이 고민하고 준비했어. 정말 하고 싶은 일이거든."

"안정적인 직장을 왜 그만두려고 해? 다들 취업하기도 힘든데! 왜 이런 위험한 선택을 하는 거야?"

"네가 걱정해주는 마음 이해해. 불안정하고 위험할 수 있지. 하지만 이 기회를 놓치면 평생 후회할 것 같아서 도전하려고."

이 두 대화의 차이가 보이시나요? 첫 번째 상황에서 T형인 원재 씨는 F형인 수민 씨의 감정은 알아채지 못한 채 해결책만 제시했어요. "다시 준비하면 잘될 거야"라며 실제로 해야 할 일을 알려주는 것으로 돕고 싶어 했지만, 정작 수민 씨에게 필요했던 건 그저 마음을 들어주는 것이었죠.

한편 두 번째 상황에서는 F형인 수민 씨가 T형인 원재 씨의 마음을 이해하지 못했어요. 원재 씨를 걱정하는 감정이 앞선 나머지 "미쳤어?"라는 말로 원재 씨의 선택을 비난했죠. 오히려 원재 씨가 수민 씨의 걱정을 먼저 이해하고 인정하면서, 자신의 결정을 차분히 설명했어요.

이처럼 공감 능력이 실제로 나타나는 경우를 자세히 살펴보면 MBTI 유형과 공감력은 크게 관계가 없다는 사실을 알 수 있어요. T형이라고 해서 공감을 전혀 못 하는 것도, F형이라고 해서 항상 공감을 잘하는 것도 아니랍니다. 그렇다면 우리는 어떻게 더 나은 공감을 할 수 있을까요? 이 질문에 답하기 위해서는 먼저 우리 뇌에서 일어나는 공감의 과정을 이해해야 해요. 함께 알아볼까요?

서로를 보완하는 두 가지 공감 시스템

공감은 단순히 다른 사람의 감정을 느끼는 게 아니에요. 자신의 정체성은 유지하면서도 다른 사람의 감정을 경험하고 이해하는 특별한 능력이랍니다.[59] 이런 공감은 크게 두 가지로 나눌 수 있어요.

공감하는 뇌

첫 번째는 '정서적 공감'이에요. 친구가 울면 나도 마음이 아프고, 친구가 기뻐하면 나도 덩달아 기뻐지는 것처럼, 다른 사람의 감정을 함께 느끼는 거죠. 앞서 수민 씨가 면접에서 떨어졌을 때 필요했던 건 바로 이런 정서적 공감이었어요.

이런 정서적 공감이 일어날 때는 '거울 뉴런 시스템(Mirror Neuron System)'이 작동해요. 이름 그대로, 거울 뉴런은 다른 사람의 감정과 행동을 그대로 반영하죠. 친구가 웃으면 나도 모르게 따라 웃게 되는 것처럼, 타인의 감정을 자동적으로 따라 느끼도록 만들어요.[60]

두 번째는 '인지적 공감'이에요. 이건 상대방의 입장에서 생각해보고 그 사람의 관점을 이해하려 노력하는 거예요. 마치 퍼즐을 맞추듯 상대방의 생각과 감정을 이해하려 애쓰는 거죠. 두 번째 상황에서 원재 씨가 수민 씨의 걱정을 이해하고 자신의 선택에 대해 차분히 설명한 것처럼요.

이런 인지적 공감이 일어날 때는 '정신화 시스템(Mentalizing System)'이 작동해요. 이 시스템은 다른 사람들의 생각과 감정을 이해하고 그들의 관점에서 상황을 바라볼 수 있게 해주죠. 특히 중요한 점은, 나와 타인을 명확히 구분하면서도 내 관점이 지나치게 개입되는 것을 막아준다는 거예요.[61]

정서적 공감과 인지적 공감의 차이

구분	정서적 공감	인지적 공감
특징	자동적, 즉각적 반응	의식적, 분석적 반응
작용 방식	감정을 함께 느낌	상황을 이해하고 분석
뇌의 영역	거울 뉴런 시스템	정신화 시스템
예시	친구가 울면 같이 슬퍼짐	상대방의 입장과 상황을 이해하려 노력

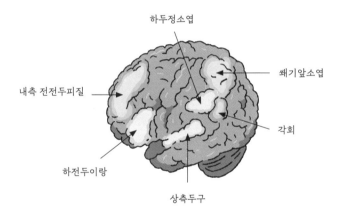

공감할 때 작동하는 두 가지 뇌 시스템

녹색으로 표시된 영역들은 정신화 시스템을, 밝은 회색으로 표시된 영역들은 거울 뉴런 시스템을 구성합니다.

출처: Potential for social involvement modulates activity within the mirror and the mentalizing systems (2017)

공감하는 뇌

이 두 시스템은 상호 보완적으로 작동해요. 예를 들어, 친구가 슬픈 표정을 지을 때 우리는 먼저 거울 뉴런을 통해 그 슬픔을 즉각적으로 느끼게 되고, 곧이어 정신화 시스템이 작동해서 친구의 상황과 입장을 이해하려 노력하게 되죠. 이 두 가지 방식이 조화롭게 어우러질 때 우리는 더 깊이 공감할 수 있답니다.[62]

이처럼 공감은 모든 사람이 원래 갖고 있는 능력이에요. 이제 이 능력을 어떻게 제대로 실천할 수 있는지 알아볼까요?

| 　　　　　　　공감력의 바탕을 찾아서 |

공감 능력을 제대로 발휘하려면 의외의 출발점에서 시작해야 해요. 바로 나 자신과의 관계라는 출발점입니다. 우리는 종종 자신의 감정은 외면한 채 다른 사람을 이해하려 애쓰곤 해요. 하지만 일단 자신의 감정을 잘 알아차리고 공감하는 사람이 타인의 감정도 더 잘 이해할 수 있어요. 마치 위기 상황에서 산소 마스크를 쓸 때 우선 나부터 착용해야 다른 사람을 제대로 도울 수 있는 것처럼요.

먼저 나의 감정에 귀 기울이는 시간을 수시로 가져보세요. "지금 나는 어떤 감정을 느끼고 있을까?", "이런 감정이 생겨난 이유는 무엇일까?" 하고 스스로에게 물어보는 거예요. 나를 비난하거나 판단하지 말고, 그저 있는 그대로 바라보세요. 이렇게 나 자신의 마음을 살피다 보면, 다른 사람의 감정도 더 잘 느끼고 이해할 수 있게 될 거예요.

　누군가의 고민을 들어줄 때도 마찬가지예요. 판단은 잠시 내려놓고 귀를 기울여주세요. 고민을 나누는 사람에게 진정 필요한 것은 해결책이 아닌, 진심으로 들어줄 사람이거든요. 고개를 끄덕이며 "그랬구나, 많이 힘들었겠다"라는 따뜻한 말 한마디를 건네는 것만으로도 충분합니다. 그렇게 대화를 나누다 보면 고민하는 사람이 스스로 답을 찾는 경우가 많아요. 상대방이 자신의 문제를 잘 해결할 수 있다고 그저 믿어주면 됩니다. 도움을 청할 때까지 기다렸다가 그때 손을 내밀어주세요.

　때로는 상대방의 감정에 공감하기 어려울 수 있어요. 그럴 때일수록 판단하지 말고 "그럴 수도 있겠구나" 하며 마음을 열어보세요. 완벽하게 이해하지 못해도 괜찮아요. 이해하려 노력하는 마음가짐이 더 중요하니까요.

　우리가 서로의 이야기에 귀 기울이고 이해하려 노력할 때, 우리 사회는 조금 더 따뜻해질 거예요. "그럴 수도 있겠구나"라는 말 한마디부터 시작해보는 건 어떨까요? 여러분의 작은 관심과 배려가 누군가의 하루를, 그리고 우리의 세상을 더 따뜻하게 만들 테니까요.

실 천 하 기

☐ 감정 일기 쓰기 (매일 5분씩 나의 감정을 관찰하고 기록하기)

☐ 끝까지 경청하기 (상대방의 이야기를 중간에 끊지 않고 들어주기)

☐ 감정에 먼저 공감하기 ("그랬구나, 많이 힘들었겠다.")

☐ 판단하지 않고 열린 마음으로 듣기 ("그럴 수도 있겠구나.")

☐ 상대방의 말을 다시 한번 확인하기 ("네가 말한 것이 이런 거구나.")

사회적인 뇌

서로 다른 생각, 서로 다른 뇌

우리는 살아가면서 끊임없이 선택의 기로에 서게 돼요. 특히 '나'와 '우리' 사이에서의 선택은 우리의 가치관을 가장 잘 보여주는 순간이 되곤 하죠. 중요한 결정을 내릴 때, 여러분은 무엇을 기준으로 선택하시나요? 개인의 목표를 우선시하나요, 아니면 집단의 조화를 더 중요하게 여기시나요?

개인주의와 집단주의는 우리 사회의 핵심 가치관을 보여주는 중요한 개념이에요. 개인주의는 개인의 자유와 권리를 중시하는 반면, 집단주의는 공동체의 조화와 전체의 이익을 우선시하죠.[63] 여기서 주의할 점은 개인주의를 이기주의와 혼동하면 안 된다는 거예요. 개인주의는 타인의 권리도 동등하게 중요하게 여기지만, 이기주의는 오직 자신의 이익만을 추구하거든요.

개인주의와 집단주의의 차이

측면	개인주의	집단주의
우선순위	개인의 목표와 성취	집단의 조화와 이익
의사결정	개인의 판단 중시	집단 합의 중시
자아 인식	"나" 중심	"우리" 중심
타인 인식	독립적인 개인으로	집단의 일원으로

이런 가치관의 차이를 더 쉽게 이해할 수 있도록, 서윤 씨와 세연 씨의 이야기를 들려드릴게요. 이들의 경험을 통해 개인주의와 집단주의가 실제 생활에서 어떻게 나타나고, 우리는 어떻게 조화를 이룰 수 있는지 함께 살펴보면 좋을 것 같아요.

개인주의자 vs 집단주의자

서윤 씨와 세연 씨는 같은 대학교 3학년 학생이에요. 같은 과 동기지만, 성격과 가치관은 정반대였죠. 서윤 씨는 매사에 성실하고 능력 있는 학생이었어요. 자신의 일을 완벽하게 해내는 것에 큰 자부심을 가지고 있었고, 개인의 책임과 효율성을 무엇보다 중요하게 여겼죠. 반면 세연 씨는 팀워크와 단체 활동을 중시했어요. 그녀에게 학과 생활은 단순한 수업이 아닌, 함께 성장하고 추억을 쌓는 소중한 시간이었거든요.

둘의 차이는 팀 프로젝트에서 확연히 드러났어요. 서윤 씨는 자신의 파트만 완벽하게 해내려고 했고, 다른 팀원들의 도움 요청도 거절했죠. "각자 맡은 일만 잘하면 되는 거 아닌가?"라는 게 그의 생각이었어요. 하지만 세연 씨는 이런 서윤 씨를 보며 답답함을 느꼈어요. "우리는 팀인데, 왜 서로 돕지 않는 거지?"라는 생각이 들고 서윤 씨의 행동이 이기적으로 보였거든요.

학과 모임에 대한 태도도 달랐어요. 서윤 씨는 이런 활동들이 시간 낭비라고 여겼지만, 세연 씨에게는 공동체 의식을 키우는 소중한 기회였죠. 서윤 씨가 모임에 잘 나오지 않자 세연 씨는 "이런 자리가 우리 관계를 돈독하게 만드는 건데…"라며 안타까워했어요.

이런 상황이 계속되면서 둘 다 고민에 빠졌어요. 서윤 씨는 "나는 내가 맡은 일을 제대로 해내고 있는데, 왜 이기적이라고 하는 걸까?"라며 혼란스러워했고, 세연 씨는 "서윤이가 조금만 더 협조적이면 우리 동기들 사이도 수업 성과도 얼마나 좋아질까?"라고 생각했죠.

가치관이 만드는 뇌의 차이

이런 갈등이 단순한 성격 차이일까요? 한 연구에서 놀라운 사실을 발견했어요. 우리가 추구하는 가치관의 차이가 뇌 활동에서도 그대로 나타난다는 거예요.

이를 확인하기 위해 미국과 일본의 연구진이 양국의 참가자들을 대상으로 실험을 했어요. fMRI 장비로 뇌를 촬영하면서 자신을 두 가지 방식(일반적인 자기 묘사와 상황에 따른 자기 묘사)으로 평가하게 했죠.

결과는 정말 흥미로웠어요. 개인주의적 성향이 강한 사람들은 "나는 정직하다"라는 말에 자아 인식에 관련된 내측 전전두피질이 활성화되었어요. 반면에 집단주의적 성향이 강한 사람들은 "어머니와 대화할 때 나는 정직하다"라는 말에 같은 영역이 반응했죠. 놀라운 건, 이런 차이가 국적과 관계없이 나타났다는 거예요. 이게 무슨 뜻일까요? 개인주의적인 사람들은 자신을 독립적이고 일관된 존재로 바라보는 반면, 집단주의적인 사람들은 상황과 관계 속에서 자신을 정의하는 경향이 있다는 거예요. 그리고 이런 생각의 차이가 실제로 우리 뇌의 작동 방식에도 영향을 미친다는 걸 보여준 거죠.[64]

이런 연구 결과를 보면 서윤 씨와 세연 씨의 차이도 이해가 돼요. 둘의 갈등은 단순히 성격이 안 맞아서가 아니라, 세상을 바라보는 방식 자체가 달랐기 때문이었던 거예요.

'나'와 '우리' 사이의 균형 잡기

이런 과학적 이해를 바탕으로, 서윤 씨와 세연 씨는 서로를 새로운 시각으로 바라보기 시작했어요. 서윤 씨는 자신의 개인주의적 성향이 다른 사람들에게 어떻게 비쳤는지 깨달았어요. "내가 팀에 소속감을 못 느낀다고 생각했지만, 사실은 내가 소속감을 느끼려 노력하지 않았던 거였어." 그는 자신의 '무행동'이 다른 팀원들에게 부담이 되었을 수 있다는 것을 이해하게 됐죠.

한편 세연 씨는 서윤 씨의 행동이 단순한 이기심이 아니라 다른 가치관에서 비롯된 것임을 깨달았어요. "서윤이는 자신만의 방식으로 효율적이고 책임감 있게 살아가려 했던 거야. 그게 나와는 달랐을 뿐이지, 틀린 건 아니었어."

시간이 지나면서 두 사람의 관계는 크게 달라졌어요. 서윤 씨는 팀 활동에 더 자발적으로 참여하게 됐고, 세연 씨는 개인의 특성을 존중하는 리더십을 발휘하게 됐죠. 그들의 변화는 다른 팀원들에게도 긍정적인 영향을 미쳤답니다.

여러분은 개인주의자인가요, 집단주의자인가요? 어느 쪽이든 괜찮아요. 중요한 건 서로의 성향을 이해하고 존중하는 거예요. 개인주의자는 협력하는 방법을, 집단주의자는 개인을 인정하는 마음을 배우면 좋겠죠. 이런 균형을 찾을 때 우리는 더 나은 사람이 될 수 있어요.

다른 사람을 이해하는 것은 결국 나를 더 깊이 이해하는 과정이에요. 오늘, 여러분의 일상 속에서 '나'와 '우리' 사이의 균형을 한번 찾아보는 건 어떨까요?

꾸준한 뇌

꾸준한 사람은 무엇이 다른가

새해가 되면 우리는 늘 비슷한 다짐을 합니다. "올해는 꼭 살을 빼겠어!" 하고 호기롭게 헬스장에 등록하지만, 얼마 지나지 않아 회원권을 양도하게 되죠. '이번에야말로 영어 제대로 해보자' 하며 비싼 인강을 결제해도 결국 수강률은 10%를 넘기지 못합니다.

누구나 처음에는 강한 동기와 열정을 가지고 시작해요. 하지만 시간이 지나면서 현실적인 어려움과 마주하게 되고, 그 열정이 점점 식어들죠.

그런데 놀라운 사례들도 있습니다. 피겨스케이팅 선수 김연아는 훈련할 때 무슨 생각을 하냐는 질문에 "그냥 하는 거죠"라고 답했고, 수영 선수 마이클 펠프스는 매일 수영장에 가는 게 너무나 자연스러워서 오늘이 무슨 요일인지도 모르고 훈련했다고 해요. 이런 위대한 선수들의 비결이 궁금하지 않나요? 어떻게 하면 우리도 저렇게 꾸준해질 수 있을까요?

이들의 비결을 알아내기 위해서는 먼저 우리 뇌가 어떻게 행동을 제어하는지 이해할 필요가 있어요.

행동을 만드는 두 개의 시스템

우리 뇌는 행동을 제어할 때 두 가지 다른 방식을 사용해요. 하나는 의식적인 방식이고, 다른 하나는 무의식적인 방식이죠.

첫 번째는 '목표 지향' 시스템이에요. 이건 우리가 원하는 결과를 생각하면서 의식적으로 행동할 때 작동하는 시스템이에요. 예를 들어, 다이어트 성공이라는 목표를 위해 과자 대신 사과를 고를 때처럼요. 새로운 상황에서 유연하게 대처할 수 있지만, 많은 에너지와 집중력이 필요하죠. 이 시스템에는 전전두피질과 배내측 선조체(dorsomedial striatum)가 주로 관여해요. 이 두 영역이 연결되어 피질-선조체 연합 회로를 형성합니다.[65]

두 번째는 '습관' 시스템이에요. 이건 결과를 생각하지 않고 자동으로 일어나는 행동을 담당해요. 특정한 신호나 상황이 주어지면 즉시 반응하죠. 아침에 눈을 뜨고 잠자리에서 빠져나오자마자 이불을 개켜 정리할 때처럼요. 생각할 필요 없이 자동으로 행동이 이루어지기 때문에 에너지도 적게 들고 실수할 가능성도 줄어들죠. 이때는 감각운동피질(sensorimotor cortex)과 배외측 선조체(dorsolateral striatum)가 주로 관여해요. 이 두 영역은 연결되어 피질-선조체 감각운동 회로를 형성합니다.[66]

우리 뇌의 두 가지 행동 제어 시스템

구분	목표 지향 시스템	습관 시스템
특징	의식적, 계획적	무의식적, 자동적
에너지 소모	많음	적음
장점	새로운 상황 대처 가능	효율적 수행
주요 뇌 영역	전전두피질, 배내측 선조체	감각운동피질, 배외측 선조체

새로운 행동을 시작할 때는 목표 지향적 시스템이 주도하지만, 그 행동을 반복하다 보면 점점 습관 시스템으로 바뀌어요. 흥미로운 건, 결과를 덜 의식할수록 습관이 더 잘 형성된다는 거예요.[67] 결과에만 집중하면 목표를 달성했을 때 그 행동을 멈추게 되거나, 원하는 결과가 안 나올 때 쉽게 포기하기 때문이죠.

반대로 결과보다 과정 자체가 자연스러워지면 김연아, 펠프스 선수처럼 '그냥 하게' 돼요. 그들의 뇌는 이미 목표나 결과를 의식하지 않는 완벽한 습관 시스템을 만들어낸 거죠.

이제 왜 쉽게 포기하게 되는지 이해가 되시나요? 답은 간단해요. 새로운 행동이 습관이 될 만큼 충분히 반복하지 않은 거죠.

　새로운 행동이 진정한 습관이 되려면 이유를 생각하지 않아도 자연스럽게 할 수 있을 때까지 반복해야 해요. 하지만 여기에 역설이 있죠. 그만큼 오래 지속할 수 있으려면, 처음에는 오히려 더 분명한 이유와 목적이 필요하답니다. 그 일을 시작하려는 이유를 깊이 생각해보세요. 습관을 통해 이루고자 하는 목표가 무엇인가요? 그 목표를 이루고 싶은 이유는요? 꼭 이 방법을 통해서만 목표를 이룰 수 있나요, 아니면 다른 방법은 없을까요?

　이렇게 깊이 고민해야 할 필요가 분명히 있어요. 구체적이고 명확한 동기가 있을수록 습관은 더 오래 지속되거든요. 막연히 "멋있어 보여서" 보다는 "여름 방학 때 당당하게 수영복을 입고 싶어서" 라는 이유가 운동을 더 오래 하게 만들죠.

　물론 동기만으로는 부족해요. 나를 움직이게 해줄 적절한 환경도 필요합니다. 특히, 습관이 자리 잡으려면 트리거(Trigger)를 잘 활용하는 것이 중요해요. 앞서 이야기한 것처럼, 습관은 특정한 신호와 연결될 때 자동으로 작동하기 쉬워요. 예를 들어, 아침에 일어나자마자 스트레칭을 하거나, 커피를 마시면서 영어 단어를 외우는 것처럼 기존의 행동과 자연스럽게 연결하면 새로운 습관을 만들기가 훨씬 쉬워집니다. 또한, 특정한 시간과 장소를 정하거나, 눈에 잘 띄는 신호를 만들어두는 것도 좋은 방법이에요. 운동을 꾸준히 하고 싶다면 헬스장 가방을 문 앞에 두고, 독서를 습관화하고 싶다면 침대 옆에 책을 놓아두는 식이죠.

이처럼 습관을 유지하려면 환경을 잘 설계하는 것이 중요하지만, 무엇보다도 함께하는 사람이 있는지가 큰 차이를 만듭니다. 같은 목표를 가진 사람들과 함께하세요. 운동을 시작하고 싶다면 헬스장을, 영어를 배우고 싶다면 회화 스터디를 찾아보세요. 이처럼 명확한 동기와 적절한 환경 속에서 꾸준히 반복하다 보면, 어느 순간 이유를 생각하지 않고도 그냥 자연스럽게 하게 될 거예요. 진정한 습관의 시작이죠.

항상 순탄치만은 않을 거예요. 도무지 하기 싫은 날도 있고, '내가 왜 이러고 있지?' 하는 의문이 들 때도 있죠. 그럴 때마다 이 습관을 시작하게 된 이유를 떠올려보세요. 처음의 설렘과 기대, 그 순수한 마음을 기억하는 거예요. 체중계의 숫자나 거울 속 모습보다는, 운동 후의 상쾌함이나 조금씩 더 좋아지는 기록이 주는 뿌듯함에 집중해보세요. 이런 작은 성취감이 쌓이다 보면, 여러분도 김연아 선수처럼 '그냥 하게' 될 거예요.

이제 우리, '작심삼일'을 넘어 평생의 습관을 만들어 봐요. 함께할 사람부터 찾아볼까요? 여러분의 '작심평생'을 응원합니다!

실 천 하 기

☐ 시작하려는 습관의 구체적인 동기와 이유 적어보기

☐ 같은 목표를 가진 사람이나 모임 찾아보기

☐ 습관을 떠올릴 수 있는 트리거 정하기(예: 잠자고 일어나면 스트레칭하기)

☐ 과정에서 느끼는 작은 즐거움 기록해두기

☐ 한 달 동안의 실천 여부를 달력에 체크하기

집중하는 뇌

산만한 마음을 다스리는 법

일은 해야 하는데 도저히 집중이 안되는 순간, 다들 경험해보셨죠? 눈앞에 일이 산더미인데 막상 손은 안 움직이고, 도대체 어떻게 시작해야 할지 감도 안 잡히는 그런 순간이요.

도무지 집중을 못하는 자신이 답답하게 느껴질 수 있지만, 사실 이런 경험은 우리 뇌의 집중 시스템이 제대로 작동하지 않고 있다는 신호예요. 오늘날 우리는 주의력을 빼앗기기 너무 쉬운 환경에서 살고 있으니까요.

하지만 걱정하지 마세요. 우리 뇌가 더 쉽게 집중할 수 있도록 도와주는 방법들이 있거든요. 운동선수가 자신만의 노하우로 경기 전에 최상의 컨디션을 만들듯, 우리도 뇌가 집중하기 좋은 환경을 만들 수 있어요. 그럼 먼저 우리 뇌가 어떻게 집중하는지 살펴볼까요? 그 핵심에는 'CEN(중앙 집행 네트워크, Central Executive Network)'이라는 특별한 시스템이 있답니다.

집중을 경영하는 뇌의 CEO

앞서 1부 '생각이 많은 뇌'에서 보았던 기본 모드 네트워크 DMN 이 '저전력 모드'라면, 중앙 집행 네트워크 CEN은 '집중 모드'예요. 어려운 수학 문제를 풀거나 중요한 결정을 내리는 등 집중이

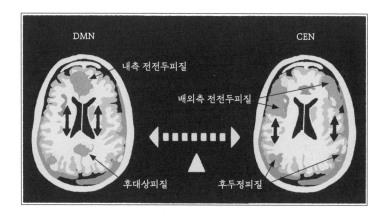

DMN과 CEN: 서로 반대로 작동하는 두뇌 네트워크

CEN의 주요 구조물인 배외측 전전두피질(DLPFC)과 후두정피질(PPC)이 표시되어 있으며, 가운데 화살표는 두 네트워크의 역상관관계를 나타냅니다. 즉, 한쪽이 활성화되면 다른 쪽은 억제됩니다.

출처 : Bridging disparate symptoms of schizophrenia: a triple network dysfunction theory (2014)

필요한 순간에 활발히 작동하죠.

마치 회사의 CEO처럼, CEN은 우리 뇌의 여러 기능을 총괄하고 조절해요. 전두엽과 두정엽에 걸쳐 있는데, 이 두 부분이 서로 긴밀히 협력하면서 다른 뇌 영역들과 소통하며 정보를 통합하고 처리합니다. DMN의 활동을 억제하기도 하는데, 덕분에 복잡한 상황에서도 꼭 필요한 것에만 집중할 수 있죠.

이 네트워크가 잘 작동하면 깊은 몰입 상태로 들어가 최상의 능력을 발휘할 수 있어요. 복잡한 문제도 명쾌하게 풀리고 새로운 아이디어도 자연스럽게 떠오르죠. 반면 제대로 작동하지 않으면 자꾸 딴생각이 나고 작은 소리에도 쉽게 집중이 흐트러져요.

집 나간 집중력 찾아오는 법

그래서 우리는 CEN을 잘 활용하고 강화하는 방법을 알아야 해요. 지금부터 네 가지 방법을 소개할게요.

1. 한 번에 한 가지에만 집중하기

CEN은 '한 번에 한 가지' 일에만 집중하도록 설계되어 있어요.[68] 만약 여러 일을 동시에 하려고 하면, CEN은 그 일들을 번갈아가며 처리합니다. 그러면 시간도 더 오래 걸리고 실수도 잦

아지죠. 그래서 중요한 일을 할 때는 한 가지에만 온전히 집중하는 게 좋아요.

2. 스마트폰 멀리 두기

스마트폰이 옆에 있으면 자꾸 신경이 쓰이고 알림음에도 집중이 흐트러지기 쉽죠. 게다가 스마트폰을 과도하게 사용하면 CEN의 기능까지 약해질 수 있어요. 실제 연구 결과, 스마트폰을 많이 사용하는 사람들은 그렇지 않은 사람들에 비해 CEN의 활성도가 현저히 낮았답니다.[69] 그래서 집중이 필요한 순간에는 스마트폰을 보이지 않는 곳에 두는 게 좋아요.

3. 마음챙김 명상하기

스트레스를 다스리는 마음챙김 명상은 CEN의 기능을 강화하는 효과도 있어요.[70] 특히 주의력을 전환하고 조절하는 능력이 좋아지는데, 이는 CEN이 다른 뇌 네트워크들과 더 효율적으로 협력하게 되기 때문이에요. 덕분에 생각이 산만해졌을 때 이를 빨리 알아차리고 다시 집중할 수 있게 된답니다. 처음 시작하시는 분들은 명상 앱의 도움을 받아보세요. 차분한 목소리의 안내를 따라 하다 보면 더 쉽게 명상을 익힐 수 있어요.

4. 다양한 인지 훈련하기

퍼즐이나 보드게임처럼 머리를 쓰는 활동은 CEN을 훈련하는 좋은 방법이에요. 이렇게 정보를 분석하고 결정을 내리는 과정을 반복하다 보면, 자연스럽게 CEN의 기능이 강화된답니다. 친구들과 함께하면 더 재미있게 훈련할 수 있겠죠?

모든 방법을 한꺼번에 따라 할 필요는 없어요. 오늘은 명상, 내일은 퍼즐… 이렇게 상황에 따라 필요한 방법을 하나씩 시도해보세요. 꾸준히 실천하다 보면 여러분의 뇌도 자연스럽게 '집중 모드'로 들어갈 거예요. 자, 지금 당장 눈앞에서 스마트폰부터 치워볼까요?

실 천 하 기

□ 멀티태스킹 습관 체크하고 한 가지씩 처리하기

□ 중요한 일을 할 때는 스마트폰을 다른 방에 두기

□ 집중이 필요한 시간에는 방해금지 모드 설정하기

□ 하루 한 번 10분간 마음챙김 명상하기

□ 매일 15분 이상 퍼즐이나 두뇌 훈련 게임하기

집중하는 뇌

기억하는 뇌

의대 수석의 기억력 비법

인생은 끝없는 배움의 연속이에요. 학교에서 치르는 시험이든, 업무에 필요한 새로운 지식이든, 취미로 배우는 것이든 말이죠. 만약 의대에 진학한다면 배움의 범위는 더 깊고 넓어질 거예요. 공부해야 할 지식의 양이 어마어마하게 많기로는 역시 의대가 손꼽히니까요. 해부학 용어부터 복잡한 질병의 기전까지, 마치 새로운 언어를 배우는 것만큼 방대한 양의 지식을 익혀야 하죠.

저는 이 엄청난 학습량을 감당하기 위해 여러 가지 방법을 연구했어요. 그중에서도 우리 뇌가 정보를 기억하는 방식을 이해하고 이를 활용하는 게 가장 큰 도움이 됐죠. 덕분에 본과 2학년 때는 수석까지 할 수 있었답니다. 지금부터 그 비법을 모두 공개할게요. 우리 뇌가 어떻게 정보를 기억하는지, 그리고 이를 어떻게 효과적으로 활용할 수 있는지 함께 살펴볼까요?

뇌가 정보를 저장하는 과정

우리 뇌는 새로운 정보를 어떻게 기억할까요? 이 과정은 마치 공장의 정교한 생산 라인처럼 여러 단계를 거쳐 이루어집니다.[71]

첫 단계는 '인코딩', 정보를 배우고 이해하는 과정이에요. 마치 디지털카메라가 빛을 디지털 데이터로 변환하는 것처럼, 우리가 보고, 듣고, 만지고, 냄새 맡은 모든 감각 정보들이 뇌의 언어로 번역되는 거죠. 이때 우리가 얼마나 집중하는지, 그 정보가 얼마나 감정적으로 와닿는지, 그리고 얼마나 자주 반복되는지에 따라 기억의 선명도가 달라져요.

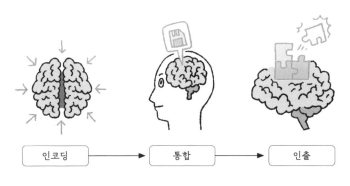

기억이 만들어지는 세 단계

출처 : The double-edged sword of memory retrieval(2022)

다음은 '통합' 단계예요. 처음에는 해마가 임시 저장소 역할을 하다가, 차츰 더 영구적인 저장소인 대뇌피질로 정보를 옮기게 됩니다. 이 과정에서 새로운 정보는 우리가 이미 가지고 있는 지식 체계 속으로 자연스럽게 통합되죠. 특히 기존 지식과 연관성이 높은 정보일수록 이 통합이 더 빠르게 이루어져요.

마지막으로 '인출' 단계가 있어요. 필요할 때 기억을 꺼내 쓰는 과정이죠. 이때 뇌는 기억을 단순히 파일을 여는 것처럼 딱 떠올리지 않아요. 퍼즐을 맞추듯 기억의 조각들을 하나씩 모아 재구성하죠. 예를 들어, 오래된 친구를 만났을 때 그 친구와 관련된 추억들이 하나둘씩 떠오르는 것처럼요. 흥미로운 건, 우리 뇌가 먼저 핵심적인 내용을 떠올린 다음 구체적인 세부 사항을 기억해낸다는 거예요.[72] 이런 방식은 우리가 많은 정보를 효율적으로 기억하고 필요할 때 빠르게 찾을 수 있게 해주죠.

의대생의 기억력 강화 학습법

이렇게 복잡한 과정을 거쳐 형성되는 우리의 기억. 그렇다면 더잘 기억하기 위해 이 과정을 어떻게 활용하면 좋을까요? 제가 의대 공부를 하면서 직접 개발하고 실천해본 방법들을 소개해드릴게요.

1. 전체 구조(스키마) 만들기

새로운 정보는 우리가 이미 가지고 있는 지식 체계 속으로 통합된다는 점을 활용해보세요. 미리 정보의 전체적인 틀을 만들어두면 좋아요. 저는 강의 내용의 목차를 미리 정리해두는 방법을 썼어요. 덕분에 전체 내용이 한눈에 들어오고, 새로운 내용도 더 빠르게 이해할 수 있었죠.

2. 핵심부터 차근차근

이렇게 만든 구조 안에서 핵심 내용을 찾아보세요. 우리 뇌는 먼저 핵심 내용을 떠올린 다음 세부 사항을 기억해내요. 그러니 처음부터 모든 내용을 외우려 하지 말고, 중요한 개념을 먼저 파악한 뒤 차근차근 살을 붙여가며 공부하세요.

3. 연결 고리 만들기

이제 구조와 핵심을 파악했으니, 내용들을 서로 연결해볼까요? 기존 지식과 관련성이 높을수록 통합이 더 빠르다는 점을 기억하세요. 모든 정보를 따로따로 외우려 하지 말고, 기존 지식과 연결 지어 공부하면 좋아요. 예를 들어 질병을 공부할 때, 발병 기전을 중심으로 진단 방법, 치료 기법, 합병증을 연결 지어 공부하니 이해도 잘되고 기억에도 오래 남았어요.

4. 다양한 각도로 바라보기

이제 연결된 내용들을 더 풍성하게 만들어볼까요? 기억은 퍼즐처럼 조각이 모여 재구성된다는 점을 활용해보세요. 한 가지 자료만 보지 말고 강의록, 교과서, 그림 등 다양한 방식으로 배워보세요. 같은 내용도 여러 각도로 보면 새로운 이해가 생기고, 나중에 더 쉽게 기억할 수 있거든요.

5. 기억 꺼내보기

기억은 주기적으로 꺼내보지 않으면 점점 흐려질 수 있어요. 그래서 저장해둔 기억을 꺼내보는 연습이 정말 중요해요. 저는 복습할 때마다 강의록을 바로 읽지 않고, 먼저 기억나는 내용을 떠올린 다음 확인했어요. 덕분에 제가 무엇을 알고 무엇을 모르는지 정확히 파악할 수 있었죠. 모르는 부분만 찾아서 보니 더 효율적으로 공부할 수 있었어요.

6. 반복의 힘

마지막으로, 이 모든 과정을 여러 번 반복하세요. 처음엔 오래 걸리지만, 반복할수록 속도는 빨라져요. 저는 강의록을 최소세 번, 많게는 다섯 번까지 봤어요. 처음엔 대충 훑어보고, 그다음엔 꼼꼼히 보고, 마지막엔 빠르게 복습하는 식으로요. 반복할수록 내용들이 마치 도화지에 그림을 그리듯 머릿속에 하나둘

선명하게 그려졌고, 시험이 다가올 즈음엔 그 그림 전체가 거의 완성되어 있었죠.

이제 여러분 차례예요. 지금까지 설명한 방법들을 하나씩 적용해보면서, 자신만의 효율적인 학습법을 만들어보세요. 분명 여러분의 기억력이 한 단계 업그레이드되는 걸 경험하실 수 있을 거예요!

실 천 하 기

☐ 새로운 내용 학습 전 전체 구조 그려보기

☐ 핵심 개념 먼저 정리하고 세부 사항 추가하기

☐ 기존 지식과 연결 고리 만들기

☐ 다양한 자료로 같은 내용 학습하기

☐ 복습 전 먼저 기억나는 내용 떠올려보기

☐ 최소 3회 이상 반복 학습하기

기억하는 뇌

휴식하는 뇌

쉬는 건 선택이 아닌 필수

여러분은 휴식에 대해 어떻게 생각하시나요? 많은 사람들이 휴식을 '어쩔 수 없이' 혹은 '나중에 몰아서' 하는 걸로 여겨요. 생산적이지 않은 시간이 불안하고, 쉬는 동안 다른 사람들보다 뒤처질까 걱정하죠. 그래서 쉬는 시간을 쪼개 계속 공부나 일을 하는 분들이 많아요.

그나마 쉴 때도 대부분 스마트폰으로 SNS를 하거나 영상을 보며 시간을 보내요. 휴식 시간을 빨리 보내버리려는 걸까요? 가만히 있는 게 어색하고 불편하게 느껴지나 봐요.

하지만 휴식은 생각보다 훨씬 더 중요해요. 우리가 아무것도 하지 않는다고 생각하는 그 순간에도, 뇌는 매우 생산적인 일을 하고 있거든요. 어떤 일이 일어나는지 함께 살펴볼까요?

2021년 미국에서 흥미로운 연구가 발표됐어요. 연구진은 30명의 참가자들에게 특정 순서의 숫자를 타이핑하는 과제를 주고, 10초 연습과 10초 휴식을 반복하게 했죠. 연습할 때와 휴식할 때 뇌에 어떤 변화가 일어나는지 촬영하면서요.[73]

놀라운 일은 그 짧은 휴식 시간 동안 일어났어요. 뇌가 방금 배운 동작을 스스로 복습하고 있다는 걸 알 수 있었거든요. 그것도 실제 연습할 때보다 20배나 빠른 속도로요! 마치 동영상을 빨리 감기로 돌려 보는 것처럼, 뇌가 방금 배운 내용을 빠르게 떠올리며 기억을 다지고 있었던 거예요.

이렇게 이전에 경험한 신경 활동이 자발적으로 다시 일어나는 현상을 '신경 재생(neural replay)'이라고 해요. 연구 결과, 휴식 시간 동안 신경 재생이 연습 전보다 3배나 더 자주 일어났고, 그럴수록 학습 속도도 더 빨라졌어요. 이때 뇌는 방금 배운 내용을 여러 방향으로 살펴보면서 기억을 견고하게 다지는데, 이는 앞서 본 기억의 '통합' 단계와 관련이 있죠.[74]

이런 관점에서 보면 휴식은 오히려 적극적으로 '해야 하는' 활동이에요. 그렇다면 어떻게 해야 '잘' 쉴 수 있을까요?

공부나 일을 할 때 규칙적인 휴식 리듬을 만들어보세요. 많은 전 문가들이 25분 집중하고 5분 쉬는 '뽀모도로 기법'을 추천해요. 이는 우리 몸의 자연스러운 리듬과도 잘 맞아요. 우리 뇌는 보통 90-120분을 주기로 집중력이 떨어지는데, 이를 '울트라디안 리듬 (ultradian rhythm)'이라고 해요. 이 리듬에 맞춰 적절한 휴식을 취하 면 더 효율적으로 일할 수 있죠.

쉬는 시간에는 새로운 자극을 최소화하세요. SNS나 영상을 보면 뇌가 계속 새로운 정보를 처리해야 해서 진정한 휴식이 되 지 않아요. 대신 잠시 멍 때리기, 가벼운 스트레칭, 책상 정리하 기, 산책하기 같은 활동이 좋아요. 특히 멍 때리기는 우리 뇌의

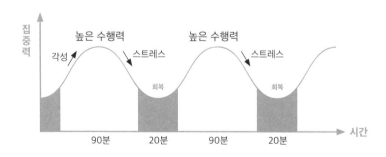

울트라디안 리듬에 따른 집중력 변화

DMN(DMN에 대한 설명은 1부 '생각이 많은 뇌'를 참고해 주세요.)을 활성화해, 배운 내용을 정리하고 새로운 아이디어도 떠올리게 해준답니다.[75]

이제 휴식에 대한 생각이 조금 바뀌셨나요? 앞으로 쉴 때마다 우리의 뇌가 배운 내용을 열심히 복습하는 모습을 상상해보세요. 제대로 된 휴식이야말로 더 효율적으로 공부하고 일하는 지름길이랍니다.

실 천 하 기

- □ 하루 중 가장 집중해야 할 때 '25분 집중/5분 휴식' 리듬 적용 해보기
- □ 휴식 알림 타이머 설정해두기
- □ 휴식 시간엔 스마트폰 다른 방에 두기
- □ 책상 옆에 간단한 스트레칭 도구 준비하기 (예: 폼롤러, 스트레칭 밴드 등)

휴식하는 뇌

각성하는 뇌

하루를 활기차게 보내고 싶다면

여러분은 아침에 일어나면 제일 먼저 무얼 하시나요? 혹시 나도 모르게 스마트폰부터 집어 들고 밀린 SNS 알림을 확인하거나, 쇼츠를 보고 있진 않나요? 이렇게 정신없이 화면을 보다 보면 머리에 안개가 낀 것처럼 멍해지고, 하루 종일 집중하기가 어려워지곤 하죠.

세계적인 신경생물학자이자 뇌과학자인 앤드루 휴버먼 교수는 이런 아침 습관 대신 '이것'을 꼭 해야 한다고 강조해요. 그 역시 매일 아침 기상 직후 10-15분 동안 '이것'을 한다고 하는데요. 도대체 '이것'이 무엇이길래 그가 그토록 중요하게 여기는 걸까요?

이 비밀을 풀기 위해서는 먼저 우리 몸의 '일주기 리듬'에 대해 알아볼 필요가 있어요. 이 리듬이 우리 몸과 뇌에 어떤 영향을 미치는지, 그리고 휴버먼 교수가 말하는 '이것'과 어떤 관련이 있는지 함께 살펴볼까요?

생체 시계를 움직이는 강력한 신호

하루 약 24시간을 주기로, 우리 몸에서는 여러 가지 변화가 일어나요. 잠들고 깨어나는 시간, 체온의 변화, 호르몬의 분비가 모두 이 주기에 맞춰 움직이죠. 이런 우리 몸의 리듬을 '일주기 리듬(circadian rhythm)'이라고 부른답니다.

이 일주기 리듬의 중심에는 우리 뇌의 아주 특별한 부분이 있어요. 바로 시상하부의 SCN(suprachiasmatic nucleus), 즉 시교차상핵이라는 영역이죠. SCN이 바로 우리 몸의 '생체 시계'랍니다.

이 생체 시계는 정말 똑똑해요. 빛이나 온도 같은 외부 환경의 변화를 민감하게 감지하고, 그에 맞춰 우리 몸의 리듬을 조절하죠. 특히 빛은 SCN을 조절하는 가장 강력한 신호예요.

눈에 들어온 햇빛이 망막을 통해 SCN에 도달하는 순간, 우리 몸의 24시간 타이머가 돌아가기 시작해요. 마치 정교한 시계처럼, SCN은 이 신호를 받아 우리 몸을 구석구석 깨워나가죠. 먼저 코르티솔의 분비를 촉진하는데, 특히 기상 직후 30분 동안 급격하게 증가해요. 이를 '코르티솔 각성 반응(cortisol awakening

각성하는 뇌

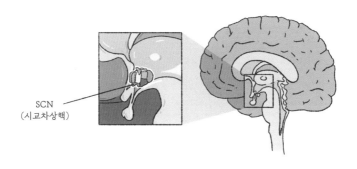

SCN (시교차상핵)

SCN(시교차상핵)의 위치와 구조

출처 : Servier Medical Art

response)'이라고 하는데, 우리 뇌를 하루 동안 최적의 상태로 만드는 중요한 역할을 해요. 기억력과 집중력을 높여주고, 뇌가 더 효율적으로 일할 수 있게 도와주죠.[76] 한편 수면 호르몬인 멜라토닌 분비는 억제해 잠을 깨게 만들어요.[77]

이렇게 시작된 일주기 리듬은 밤이 되면 반대로 움직이는데, 코르티솔은 줄어들고 멜라토닌이 늘어나며 자연스럽게 잠자리에 들 준비를 하게 됩니다. 이처럼 일주기 리듬이 규칙적으로 움직일 때 우리는 활기찬 하루를 보내고 잠도 잘 잘 수 있답니다.

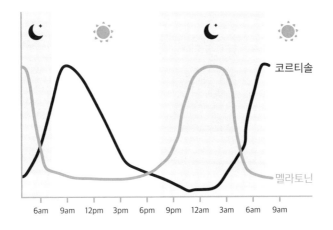

하루 중 코르티솔과 멜라토닌 분비 변화

출처: What is the cortisol awakening response? (2023)

아침을 여는 최고의 습관

자, 이제 휴버먼 교수가 말한 '이것'이 무엇인지 짐작이 가시나요? 맞아요, 바로 아침 햇빛을 받는 거예요!

휴버먼 교수는 아침 햇빛을 15분 정도 받는 것만으로도 우리 몸에 놀라운 변화가 일어난다고 말해요. 일주기 리듬을 바로잡아 주는 건 물론이고, 기분을 좋게 만들고 면역력도 높여주죠. 게다가 스트레스에도 더 잘 대처할 수 있게 해준다고 하네요.

그래서 휴버먼 교수는 아침 햇빛을 받는 것이 우리의 건강과

각성하는 뇌

성과를 높이는 가장 중요한 다섯 가지 습관 중 하나라고 강조해요. 게다가 이 습관의 효과를 최대화하는 구체적인 방법까지 친절하게 알려줬답니다.[78]

1. 타이밍이 가장 중요해요.

기상 후 한 시간 이내에 햇빛을 봐야 하는데, 가능한 한 빨리 보는 게 좋아요. 이때가 우리 몸의 생체 시계를 가장 효과적으로 맞출 수 있는 '골든타임'이거든요. 맑은 날이라면 5-10분, 흐린 날이라면 15-20분 정도 햇빛을 받으면서 가벼운 스트레칭이나 산책을 해보세요.

2. 꼭 실외로 나가세요.

창문 유리를 통과한 빛은 직접 닿는 자연광보다는 덜 효과적이에요. 피부가 걱정된다면 나가기 전 자외선 차단제를 바르세요. 날씨가 좋지 않다면 실내에서 가능한 한 밝은 조명을 켜세요.

3. 올바른 방법으로 빛을 받으세요.

태양이 있는 방향을 바라보되, 절대 직접 태양을 쳐다보지는 마세요. 선글라스나 블루라이트 차단 안경은 잠시 벗어두는 게 좋아요. 우리 눈이 직접 빛을 받아야 효과가 있거든요.

자, 이제 실천해볼 차례입니다. 내일 아침엔 스마트폰 대신, 밖으로 나가 하늘을 바라보세요. 우리 몸속 시계가 '똑딱' 하고 제 시간에 맞춰지는 걸 상상하면서, 새로운 하루의 시작을 온몸으로 느껴보세요. 건강하고 활기찬 하루가 여러분을 기다리고 있을 거예요!

실 천 하 기

- ☐ 기상 직후 1시간 이내 햇빛 보기 (맑은 날 5-10분, 흐린 날 15-20분)
- ☐ 아침 산책하며 햇빛 받기
- ☐ 실외로 나가서 태양이 있는 방향 바라보기 (직접 보지 않기)
- ☐ 선글라스나 블루라이트 차단 안경 벗고 햇빛 받기
- ☐ 매일 같은 시간에 일어나 햇빛 보기

각성하는 뇌

잠자는 뇌

잃어버린 숙면을 찾아서

"잠은 게으른 자의 안식처다."

"성공하려면 잠을 줄여라."

잠을 나태함의 상징처럼 여기는 이런 말들, 종종 들어보셨죠? 현대 사회에서 잠은 더더욱 경계의 대상이 되곤 하는데요. 잠을 줄이고 그 시간에 더 많은 일을 해야 성공한다는 믿음이 아직까지도 힘을 발휘하는 것 같아요. 그래서 많은 사람들이 밤늦게까지 일하고 새벽에 겨우 쪽잠을 자거나, 주말에 몰아서 자곤 하죠.

하지만 잠은 생각보다 훨씬 더 중요한 역할을 해요. 잠을 자는 동안 우리의 몸과 마음은 각자 다른 방식으로 회복하고 성장한답니다. 우리가 잠을 잘 때 뇌에서 어떤 일들이 일어나는지, 그리고 어떻게 하면 더 건강한 수면을 취할 수 있는지 함께 알아볼까요?

우리가 잠들면, 뇌는 90분을 주기로 두 가지 다른 종류의 잠을 오
갑니다. 바로 '렘(REM)수면'과 '비렘(NREM)수면'이죠.

　'꿈꾸는 시간'이라고도 불리는 렘수면은 우리의 마음을 돌보

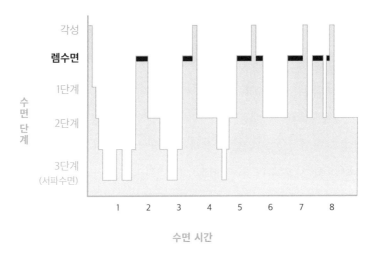

수면 주기 그래프

하룻밤 동안 우리는 렘수면과 비렘수면을 번갈아가며 겪어요. 비렘수면은 1
단계부터 3단계까지 점점 깊어지다가 다시 얕아지는 모습을 보이는데, 그래
프에서 아래로 내려갈수록 잠이 깊어지는 걸 의미해요.

는 특별한 시간이에요. 이때 편도체가 활발하게 움직이면서 감정이 담긴 기억들을 처리하고 선명하게 보존해요.[79] 덕분에 하룻밤의 수면이 끝난 후에는 편도체의 반응이 오히려 줄어들어, 이전의 감정적인 경험들을 한결 부드럽게 받아들이게 된답니다.[80]

예를 들어 교통사고 현장을 목격했다면, 렘수면은 그 상황을 기억하게 하면서도 충격적인 감정은 덜하게 만들어줘요. 이런 과정 덕분에 우리는 중요한 경험을 잘 기억하면서도, 그로 인한 지나친 스트레스는 피할 수 있게 되죠.

한편 비렘수면은 우리 뇌가 배운 것을 정리하는 소중한 시간이에요. 잠이 점점 깊어지면서 1단계, 2단계를 거쳐 가장 깊은 3단계 수면으로 들어가게 되는데, 특히 3단계 수면에서는 뇌파가 아주 천천히 움직여서 '서파수면(slow-wave sleep)'이라고 부른답니다.

특히 서파수면 중에는 기억 통합이 매우 활발히 일어나는데, 미래에 중요할 것 같은 정보들이 우선적으로 저장돼요. 얻은 정보가 무의식 중에 새로운 통찰로 이어지기도 하고요. 새로 배운 것들이 진짜 지식이 되는 시간이라고 할 수 있죠.[81]

또한 이 시기에는 우리 몸을 회복시키는 중요한 일들이 일어나요. 낮 동안 쌓였던 뇌 속의 해로운 물질들이 청소되고, 뇌세포들이 회복되며, 성장호르몬도 분비된답니다.[82] 만약 이 깊은 수면이 충분하지 못하면 다음 날 피곤함을 느끼고, 기억력도 떨어질 수 있어요.

이렇게 각자 다른 기능을 하는 두 가지 수면이 자는 동안 번 갈아가면서 나타나요. 잠이 들고 약 90분이 지나면 첫 번째 렘수면이 시작되는데, 처음에는 10분 정도로 짧지만 아침이 가까워질수록 점점 길어지고 자주 나타난답니다. 밤새 이런 순환이 5번 정도 반복되면서 우리 몸과 마음이 건강하게 회복되고 또 자라나는 거예요.

달콤한 잠을 위해 챙길 것

이렇게 중요한 잠, 어떻게 하면 '잘' 잘 수 있을까요? 앞서 렘수면은 우리의 감정을 다독이고, 서파수면은 기억을 정리하고 몸을 회복시킨다는 것을 알아보았어요. 이 두 가지 수면의 질을 모두 높여야 진정한 숙면을 취할 수 있답니다.

렘수면은 아침이 가까워질수록 길어지고 자주 나타나기 때문에, 충분한 수면 시간을 확보하는 것이 중요해요. 성인에게는 하루 6-8시간의 수면이 권장되죠. 아침에 하는 활동도 중요한데요, 찬물 샤워나 가벼운 운동처럼 교감신경을 활성화시키는 활동을 하면 그날 밤 렘수면이 더 깊어진답니다.[83] 반대로 잠자리에 들기 전에는 심호흡이나 스트레칭, 따뜻한 목욕으로 몸을 이완시켜주세요. 저녁의 음주는 피하는 게 좋아요. 술을 마시면 잠이 잘 올 것 같지만, 실제로는 렘수면을 방해하거든요.

잠자는 뇌

서파수면의 질을 높이려면 수면 환경이 중요해요.[84] 침실은 어둡고 서늘하게 유지하세요. 특히 인공적인 빛은 멜라토닌 분비를 방해하므로, 잠들기 2시간 전부터는 휴대폰이나 컴퓨터 같은 디지털 기기를 멀리하는 게 좋아요. 격렬한 운동이나 과식, 과도한 수분 섭취 역시 피해주세요.

무엇보다 매일 같은 시간에 일어나는 것이 가장 중요해요. 그래야 우리 몸의 일주기 리듬이 잘 작동할 수 있거든요. 낮에는 햇빛을 충분히 받는 것이 좋습니다.

이런 습관들을 하나씩 실천하다 보면, 자연스럽게 숙면을 취할 수 있을 거예요. 오늘부터 건강한 수면 습관을 만들어보는 건 어떨까요? 잠은 게으름이 아닌, 우리 뇌가 하루를 정리하고 내일을 준비하는 소중한 시간이니까요.

실 천 하 기

- ☐ 매일 같은 시간에 일어나기
- ☐ 아침에 찬물 샤워나 가벼운 운동 하기
- ☐ 해 질 녘에 자연광 받기
- ☐ 잠들기 2시간 전부터는 디지털 기기 멀리하기
- ☐ 저녁 음주와 카페인 피하기

운동하는 뇌

어떤 운동이 뇌에 좋을까

혹시 요즘 뇌과학이 '대세' 같다고 느낀 적 있으신가요? 서점의 베스트셀러 코너는 뇌과학 책들로 가득하고, 관련 유튜브 강의들은 수십만 조회수를 기록하고 있어요. 심지어 뇌 건강 앱들도 인기 차트 상위권에 올라있죠.

왜 이렇게 많은 사람들이 뇌과학에 관심을 가질까요? 그 핵심에는 아주 단순하면서도 근본적인 바람이 있어요. 바로 '나'를 더 깊이 이해하고, 그 이해를 바탕으로 더 나은 삶을 살고 싶은 마음이죠. 우리는 뇌과학을 통해 자신의 행동과 감정을 이해하고, 궁극적으로는 삶의 질을 높이고 싶어 해요.

많은 뇌과학자들이 이런 우리의 바람을 실현하기 위해 노력하고 있어요. 더 이상 연구실에만 머무르지 않고, 우리의 삶에 도움이 되는 연구 결과들을 쉽게 전달하려 하죠. 그런데 이 뇌과학 자들이 공통적으로 강조하는 한 가지 습관이 있어요. 바로 매일 아침 조깅이나 러닝을 즐긴다는 것! 왜 뇌를 연구하는 과학자들 이 몸을 움직이는 운동을 그토록 중요하게 여기는 걸까요? 운동 이 우리 뇌에 어떤 놀라운 영향을 미치는지, 함께 알아볼까요?

운동할 때 생겨나는 뇌의 비료

운동이라고 하면 머리를 쓰는 게 아니라 몸을 움직이는 거라는 생 각이 들지만, 알고 보면 운동은 뇌 기능을 개선하고 인지 능력을 높이는 데 큰 역할을 해요. 실제로 한국의 6만여 명의 노인 건강 데이터를 분석한 결과, 규칙적으로 운동하는 사람은 그렇지 않은 사람보다 치매 위험이 최대 28%나 낮았죠.[85] 이게 어떻게 가능한 걸까요? 그 비밀은 바로 'BDNF(Brain-Derived Neurotrophic Factor)', 뇌 유래 신경영양인자라는 물질에 있어요.

BDNF는 말 그대로 뇌의 영양분 역할을 하는 단백질이에요. 특히 해마에서 많이 발견되는데, 이 단백질이 많아지면 뇌세포가 더 잘 자라고 새로운 연결도 잘 만들어진답니다. 그 결과 학습 능 력이 좋아지고 기억력도 향상되죠. 심지어 손상된 뇌 조직을 회 복하는 데도 도움을 준다고 해요.[86] 과학자들이 BDNF를 '뇌의 비료'라고 부르는 이유가 바로 이거예요.

이 BDNF는 어떻게 만들어질까요? 우리가 운동을 할 때 몸에서는 다양한 대사 물질이 만들어져요. 근육에서 젖산이 생성되고, 간에서 BHB(베타-하이드록시뷰티르산) 같은 물질이 만들어지죠. 이렇게 생성된 물질들이 뇌로 이동해서 BDNF 유전자가 BDNF 단백질을 더 잘 생성하도록 돕습니다. 운동을 하면 뇌가 사용할 '비료'가 생산되는 거라고 볼 수 있죠.[87]

더 놀라운 건 운동이 BDNF에 미치는 영향이 오래 지속된다는 거예요. 특히 꾸준히 운동을 하면 해마의 BDNF가 높은 수준을 유지하고, 덕분에 해마의 크기도 커질 수 있어요.[88] 무엇보다 나이가 들어도 운동을 통해 BDNF를 늘릴 수 있다는 점! 바로 이것이 뇌과학자들이 운동을 강조하는 이유랍니다.

체력과 공부 둘 다 잡는 운동 꿀팁

그렇다면 어떤 운동이 뇌에 가장 좋을까요? 유산소 운동이 특히 좋다고 합니다. 달리기, 사이클, 수영 같은 종목이죠. 미국의 한 연구에서, 성인 남성 45명이 유산소 운동을 했을 때 BDNF가 평균 32% 증가했다고 해요. 특히 40분 정도 고강도로 운동했을 때 이런 효과가 가장 확실했다고 합니다.[89]

더 효과적인 방법도 있어요. 바로 고강도 인터벌 트레이닝(HIIT)이라는 운동 방식입니다. 1분 동안 최대 심박수의 90% 정도로 강하게 운동하고, 1분은 휴식하는 걸 20분간 반복하는 건데요. 미국의 다른 연구에서는, 이렇게 강도를 번갈아가며 운동하는 것이 일정한 속도로 하는 것보다 BDNF 증가 효과가 더 컸다고 합니다.[90]

여기서 팁을 하나 드릴게요. 운동 직후는 새로운 것을 배우기에 가장 좋은 시간이에요. 운동으로 만들어진 새로운 뇌세포들이 학습을 통해 연결되면서 더 오래 살아남을 수 있거든요.[91] 아침 운동 후 출근길에 외국어 공부를 하거나, 점심 산책 후에 중요한 회의를 하는 식으로 활용해보세요.

오늘부터 매번 운동할 때마다 여러분의 뇌가 조금씩 더 건강해지고 있다는 걸 기억하세요. 꾸준히 하다 보면 어느새 운동이 일상의 즐거운 습관이 되고, 더 건강한 뇌를 만드는 여정이 될 거예요.

실 천 하 기

- ☐ 주 3-4회, 30-60분동안 조깅하기 (대화 가능한 속도로)
- ☐ 출퇴근 시 한 정거장 일찍 내려 걷기
- ☐ 엘리베이터 대신 계단 이용하기
- ☐ 1분 달리기-1분 걷기 인터벌 트레이닝 하기 (10분부터 시작해서 20분까지)
- ☐ 운동 직후 외국어/독서/팟캐스트 하나 선택해서 학습하기

성장하는 뇌

한계라고 생각했던 것의 비밀

여러분, 성공을 거두려면 재능과 노력 중 어느 쪽이 더 중요하다고 생각하세요? '재능'이 절대적이라고 생각하시나요? 물론 재능의 중요성을 부정할 순 없죠. 하지만 재능만을 중시하다 보면 우리는 종종 함정에 빠지게 됩니다. 재능이 부족하다고 생각해서 뭔가를 해볼 시도조차 하지 않는 함정이죠.

　사실 우리 삶의 많은 영역들은 특별한 재능 없이도 노력만으로 충분히 성장시킬 수 있어요. 또 재능이라는 것이 여러 번의 시도와 노력 끝에 발견되는 경우도 많죠. 하지만 '난 재능이 없어'라는 생각에 갇혀 있다면, 우리는 그 가능성이 어느 정도인지를 알아볼 기회조차 잃게 돼요.

　이런 사고방식의 차이를 심리학에서는 '고정 마인드셋'과

'성장 마인드셋'이라고 불러요.[92] 고정 마인드셋을 가진 사람들은 모든 능력이 타고난 재능으로 결정된다고 믿어요. 반면 성장 마인드셋을 가진 사람들은 노력과 학습을 통해 얼마든지 성장할 수 있다고 믿죠.

고정 마인드셋과 성장 마인드셋의 차이

측면	고정 마인드셋	성장 마인드셋
능력	"타고난 재능이 전부야."	"노력하면 잘할 수 있어."
실패	"소질이 없으니 실패하는 게 당연하지."	"이번 실패로 배운 게 많아."
도전	"시도를 안 하면 못해서 실망할 일도 없으니까."	"해보면서 성장하면 돼."
노력	"이렇게 노력해야 한다니, 난 재능이 없나 봐."	"노력하는 과정이 곧 성장이야."

그런데 정말 놀라운 사실이 있어요. 어떤 일에 재능이 있다고 생각하든 없다고 생각하든, 모든 사람의 뇌는 무한한 성장 가능성을 품고 있답니다. 바로 '신경 가소성(Neuroplasticity)'이라는 능력 덕분이죠. 이 과학적 사실을 알고 나면, 여러분은 더 이상 '재능'이라는 말에 주눅 들지 않게 될 거예요. 함께 알아볼까요?

사용하는 만큼 더 발달하는 뇌

신경 가소성이란 우리 뇌가 새로운 경험과 학습을 통해 변화하고 성장하는 능력을 말해요. 운동을 할수록 근육이 발달하듯이, 우리 뇌도 사용할수록 더 강해지고 발달한답니다. 뇌 속 신경세포들이 새로운 연결을 만들고, 기존의 연결을 강화하면서 뇌의 기능과 구조가 바뀌는 거죠.[93]

이런 변화는 과학적으로도 입증됐어요. 런던의 택시 운전사 연구가 좋은 예시예요. 런던에서 택시 면허를 따려면 도시의 모든 길과 건물들을 외워야 하는데, 택시 운전사들의 뇌를 관찰해 보니 흥미로운 변화가 있었어요. 공간 기억을 담당하는 해마 뒷부분이 크게 발달해 있었죠. 특히 택시 운전 경력이 길수록 이 부분이 더 커져 있었다고 해요.[94]

다른 연구는 더 희망적인 메시지를 줘요. 노인들에게 1년간 피아노를 가르쳤더니, 연주 실력은 물론 손동작 자체가 더 민첩해졌어요. 이때 뇌를 살펴보니 운동 기능을 담당하는 뇌 영역들도 더 효율적으로 바뀌어 있었죠. 특히 피아노를 처음 배우는 노인들도 이런 발전을 보였다는 게 중요해요.[95]

이런 연구들은 어떤 사실을 보여줄까요? 우리가 어떤 기술을 꾸준히 연마하면, 그것을 담당하는 뇌 영역이 실제로 자라나고 발달한다는 거예요. 물론 타고난 소질이 도움이 될 수는 있죠. 하

성장하는 뇌

지만 그게 전부가 아니에요. 우리의 뇌는 나이와 상관없이 계속해서 성장할 수 있답니다.

결국 신경 가소성은 성장 마인드셋의 과학적 증거예요. "노력하면 성장할 수 있다"는 말은 단순한 위로가 아닌, 우리 뇌의 실제 작동 방식이랍니다.

'난 못해'를 '어제보단 나아'로

뇌과학을 알기 전에는 제 사고방식도 고정 마인드셋에 가까웠어요. 그래도 '회피'에서 벗어나 도전하는 삶을 살기로 결심했지만, 여전히 제 마음 한구석에는 '난 이건 못해'라는 생각이 남아 있었죠.

특히 수학은 제가 학창 시절부터 가장 자신 없어 하던 과목이었어요. "난 수학 머리는 없어"라고 생각하며 관련된 일은 모두 피했죠. 손재주가 필요한 일도 마찬가지였어요. "손재주가 없어서…"라며 악기나 만들기 같은 활동은 시도조차 하지 않았죠.

하지만 신경 가소성의 개념을 알게 되면서 그런 제 태도는 완전히 바뀌었어요. 제가 생각했던 한계는 실제 뇌의 한계가 아니라, 제가 스스로 만들어낸 벽이었다는 걸 깨달았죠.

'못하니까 포기하자'는 소극적인 태도가 '지금은 못하지만 노력하면 되겠지'라는 도전 정신으로 바뀌었어요. 수학 과외 문의가 왔을 때도 망설임 없이 수락했고, 열심히 준비해서 좋은 평가를 받았죠. 기타 연주도 시도해보니 의외로 재미있었어요. 처음엔 코드 하나 잡는 것도 어려웠는데, 이제는 좋아하는 곡을 직접 연주할 수 있게 되었답니다.

이런 경험들이 쌓이면서 자신감도 자연스럽게 커졌어요. '노력하면 잘할 수 있다'는 확신이 생겼죠. 이제는 '재능'이라는 말에 제 가능성을 제한하지 않아요. 제가 '못하는' 일은 없어요. '아직' 도전하지 않은 일들만 있을 뿐이죠.

여러분도 이제 성장 마인드셋을 믿어볼 만하다는 생각이 드시나요? 만약 생각이 바뀌었다면, 한 가지 제안을 드리고 싶어요. 1부의 '회피하는 뇌'에서 여러분께 그동안 회피했던 일들에 도전해보라고 말씀드렸죠? 이번에는 한 걸음 더 나아가 '절대 할 수 없다'고 생각했던 일들에 도전해보세요.

매일 조금씩 발전해가는 자신의 모습을 보면서, '절대 못해'라는 생각을 '어제보다 나아지고 있어'라는 마음가짐으로 바꿔보세요. 속도가 더디더라도 괜찮아요. 그 순간에도 여러분의 뇌 속에서는 작지만 놀라운 변화가 일어나고 있으니까요.

여러분이 세상을 향해 손을 뻗는 그 순간, 여러분의 뇌 속 뉴런들도 새로운 가지를 뻗어나갈 거예요. 그 가지들은 모여 점점 더 크고 강한 나무로 자라나겠죠. 어느 날 문득 고개를 들어보면, 자신도 모르는 사이에 자라난 거대한 나무를 발견하게 될 거예요.

나다운 뇌

진정한 나를 찾는 법

여러분, 이 리스트를 한번 봐주세요.

'성공' 체크리스트

- ☐ SKY 졸업
- ☐ 대기업 정규직 입사
- ☐ 강남 아파트 보유
- ☐ 고급 외제차 구매

어떤 생각이 드시나요? 이 체크리스트는 마치 우리 사회가 만들어 놓은 '성공'의 레시피 같아요. 좋은 학벌, 안정적인 직장, 넓은 집… 이 기준들을 하나씩 달성하면 행복이 보장된다는, 그런 달콤한 약속처럼 보이죠. 많은 사람들이 이 체크리스트의 모든 칸을 채우려고 열심히 노력합니다. 행복을 원치 않는 사람은 없으니까요.

하지만 이 '성공 공식'을 좇다 보면 정작 가장 중요한 걸 놓치기 쉬워요. 열심히 공식을 따라 달리다가도 문득 하나의 질문이 떠오르는 날이 찾아옵니다. 바로 이 질문이에요.

"정말 난 이걸 원하나? 이렇게 하는 게 나다운 일일까?"

누구나 한 번쯤 던져봤을 이 질문에 대답하기란 무척 어렵습니다. 이 사회가 들이미는 성공 공식을 따르는 것은 과연 '나다운' 일일까요? 만약 아니라면, 그 '나다움'을 어떻게 찾아갈 수 있을까요?

이번 이야기는 바로 이 질문에 대한 답을 찾아가는 여정이에요. 이 여정을 통해 우리 모두가 자신만의 특별한 빛을 발견하고, 그 빛으로 세상을 밝히는 법을 배울 수 있기를 바랍니다.

나다운 뇌

저 역시 어릴 적부터 성공의 체크리스트를 채우려고 노력했습니다. 주변의 기대에 부응하는 것이 곧 성공이라 믿었거든요. 좋은 성적, 명문대, 안정적인 직업… 이런 것들이 인생의 정답이라고 여겼죠. 그래서 주변 어른들이 원하는 대로 공부했고, 그들이 제시하는 꿈을 좇았어요.

의대에 합격했을 때, 주변에서는 축하한다며 제가 성공의 길에 들어섰다고 했어요. 하지만 정작 저는 전혀 행복하지 않았어요. 여전히 하루 종일 책상 앞에 앉아 공부만 했고, 시험 기간엔 밤을 새우기 일쑤였죠. 좋은 성적을 받으라는 주변의 기대가 저를 짓눌렀고, 그 기대를 저버리면 모든 게 무너질 것만 같았어요.

일상 속 작은 선택에서도 저는 늘 남의 눈치를 봤어요. 동아리 활동, 조별 과제, 심지어 친구들과 여행 계획을 짤 때도 그저 남들 하는 대로 따라갔죠. 그러다 보니 당연히 재미도 없었고, 뭔가를 해냈다는 뿌듯함도 없었어요.

그러던 어느 날, 아주 작은 일 하나가 제 인생을 바꿔놓았습니다. 친구와 함께 떠난 일본 여행에서였죠. 친구는 주관도 뚜렷하고 호불호가 확실해서 여행 내내 적극적으로 장소를 제안했어요. 반면 저는 여전히 주관 없이 대부분 친구의 선택을 따랐죠.

긴 여행 동안 거의 친구가 원하는 곳을 찾았지만 그래도 제가 선택해서 간 곳이 딱 한 군데 있었어요. 바로 아키하바라 역 근처의 가라아게 무한리필집이었죠. 인터넷에서 우연히 발견한 식당이었는데, 문득 가라아게가 먹고 싶어서 가보자고 했어요. 그런데 이 집의 가라아게가 글쎄… 지금도 그 맛이 혀끝에 떠오를 만큼 맛있는 거예요. 제가 가자고 해서 간 곳인데 그렇게 맛이 있으니 어찌나 뿌듯하던지요.

이때 처음으로 깨달았어요. 스스로 선택하고 그 선택이 만족스러웠을 때 오는 기쁨이 얼마나 큰지를요. 그 하나의 선택에서 느낀 진한 기쁨과 자부심, 그 순간이야말로 진정한 제 목소리가 드러난 순간이었죠.

제 삶에서 그런 순간들을 더 많이 만들고 싶다는 생각이 들었어요. 그래서 그때부터 그런 기쁨을 더 적극적으로 찾아가기 시작했습니다. 혼자 여행을 떠나고, 무대에서 노래하고, 낯선 사람에게 말을 걸고, 책을 쓰고… 이 모든 도전들 속에 '스스로 선택하는 기쁨'이 숨어 있었어요.

나를 나답게 만드는 도파민 시스템

일본 여행 중에 만난 수많은 장소와 경험들 중에서 하필 가라아게 무한리필집이 제 기억에 가장 선명하게 남은 이유는 뭘까요? 이 질문의 답을 찾다가 흥미로운 심리학 이론을 발견했어요. 바로

'자기 결정 이론(self-determination theory)'이에요.[96]

이 이론에 따르면, 인간에게는 자율성, 유능감, 관계성이라는 세 가지 중요한 심리적 욕구가 있어요. 이 욕구가 모두 충족될 때, 우리는 더 큰 동기부여를 받고 심리적으로 건강한 상태를 유지할 수 있죠.

특히 자율성과 유능감의 욕구는 우리 뇌의 도파민 시스템과 깊은 관련이 있어요.[97] 도파민 뉴런은 재미있는 특징이 있는데요. 평소에는 도파민을 낮은 수준으로 일정하게 분비하다가, 특별한 순간에 갑자기 많은 양을 분비해요. 이를테면 우리가 목표를 세우고(자율성) 그 목표를 달성했을 때(유능감) 그렇게 한답니다. 목

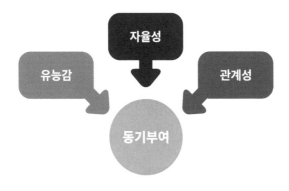

자기 결정 이론의 세 가지 요소

• 자율성: 내 행동을 스스로 결정할 수 있다는 느낌
• 유능감: 뭔가를 잘 해낼 수 있다는 자신감
• 관계성: 다른 사람들과 연결되어 있다는 느낌

표를 세울 때는 기대감이, 달성할 때는 성취감이 도파민 분비를 촉진하죠. 특히 예상보다 좋은 결과가 나왔을 때는 도파민이 더 많이 분비돼요. 꼭 뇌가 "와, 생각보다 더 좋은데? 한 번 더 해보자!"라고 재촉이라도 하는 것처럼요.

이렇게 분비된 도파민은 해마에서 아주 특별한 작용을 일으켜요. 바로 'LTP(Long-Term Potentiation)', 장기 강화라는 현상인데, 이건 뉴런들 사이의 시냅스 연결이 강해지는 거예요. 이 과정은 우리가 새로운 것을 배우고 기억하는 데 매우 중요한데, 도파민이 이를 더 강력하게 만들어요. 책에서 중요한 문장에 형광펜을 긋는 것처럼, 그 순간을 더 선명하고 오래 기억하게 만들죠.[98]

그러니까 제가 가라아게집을 선택했을 때 한 번, 가라아게가 맛있었을 때 또 한 번 도파민이 분비된 거예요. 그래서 그 소소한 기억이 선명하게 저장될 수 있었죠. 그 후로 책을 쓰기로 결심하고, 다른 새로운 도전을 할 때마다 뇌는 같은 과정을 거쳤어요. 스스로 한 선택이 의미 있는 결과로 이어질 때 도파민이 분비되면서 그 순간들을 단단하게 새겨놓고 있었던 거예요. 이렇게 쌓인 긍정적인 경험들이 저를 더 큰 도전으로 이끌었고, 결국 제 인생의 큰 변화를 만들어냈죠. 우리의 뇌는 이런 선택과 도전의 순간들을 통해 점점 더 '나다운 뇌'로 변화하게 돼요.

이제 보니 가라아게집 선택이라는 그 작은 일이 제 인생의 큰 변화를 가져온 시작점이었네요. 정말 신기하지 않나요? 그런 작은 선택 하나가 삶에 이렇게나 큰 영향을 미칠 수 있다니 말이에요.

나다움을 찾아가는 즐거움

이제 저는 모든 일을 스스로 선택해요. 그 선택에는 더 이상 '남'이 없죠. '남들도 다 하니까'라는 눈치 보는 마음은 이제 제 기준이 아니에요.

물론 의지와 상관없이 해야 하는 일도 있죠. 그럴 때마다 저는 그 일을 하는 나만의 이유를 만들어요. 그러면 어쩔 수 없이 하는 일이 아니라 제가 선택한 일이 돼요. 제 선택이 되니 자연스럽게 최선을 다하게 되고, 결과적으로 더 큰 뿌듯함을 느끼게 되죠.

이런 마음가짐으로 살아가니 매 순간이 더 의미 있게 느껴져요. 공부도 재미있어졌고, 동아리 활동이나 조별 과제도 훨씬 열정적으로 임하게 됐어요. 수동적으로 살던 예전과 비교하면 삶이 훨씬 재미있고, 무엇보다 미래가 기대돼요.

긴 방황 끝에 저는 제가 진정으로 원하는 것을 찾았어요. 정신과 의사가 되어 고통 받는 이들의 마음을 헤아리고 돕는 일이죠. 이 길이 쉽지만은 않을 거예요. 여전히 주변의 시선과 기대가 두렵고, 가끔은 제가 잘못된 선택을 하는 건 아닌지 불안해지기도 해요.

하지만 이것만큼은 확신해요. 이 길이 제가 진정으로 가고 싶은 길이라는 걸요. 설령 후회하게 되더라도 괜찮아요. 그 후회조차 제가 선택한 순간의 일부니까요.

지금 "나다운 건 뭘까?"라는 질문을 마주하고 고민하는 분이 계실지도 모르겠네요. 그런 고민을 하고 계신다면 한번 돌아봐 주세요. 지금까지 걸어온 길이 혹시 남들이 정해준 '안전한 길'은 아니었는지를요. 그랬다면 스스로 새로운 길을 찾는 것이 막막하게만 느껴지실지도 몰라요. 그래도 괜찮습니다. 작은 것부터 시작하면 돼요. 제가 여행에서 가라아게집을 골랐던 것처럼, 아주 작은 선택부터 시작해보세요. 여러분이 진정으로 좋아하는 것, 하고 싶은 것을 찾아가는 거예요.

우리는 모두 자신만의 고유한 빛을 가지고 있어요. 그 빛을 발견하고 내 삶을 비추게 하려면 용기가 필요하죠. 하지만 그걸 찾는 여정은 저마다의 '나다움'을 찾는 흥미진진하고도 아름다운 이야기가 될 거예요.

이제 그 빛, '나다움'을 찾으러 가볼까요?

나다운 뇌

예측하는 뇌

우리는 각자의 세계가 된다

여러분, 놀라운 사실을 하나 알려드릴게요. 우리가 보고 있는 이 세상은 실제 현실이 아닐지도 모른답니다. "말도 안 돼!"라고 생각하시나요? 저도 처음 이 이야기를 들었을 때는 그랬어요. 하지만 뇌과학을 공부하면서 깨달았죠. 우리 뇌가 세상을 바라보는 방식이 생각보다 훨씬 특별하다는 걸요.

다음 페이지의 그림을 한번 보세요. 무엇이 보이시나요? 똑같은 그림인데 어떤 사람은 오리를, 어떤 사람은 토끼를 본다고 해요. 이런 착시 현상은 우리가 세상을 있는 그대로 보는 게 아니라, 각자의 방식대로 해석한다는 걸 보여주는 증거예요.

그렇다면 우리 뇌는 세상을 어떻게 이해하는 걸까요? 지금부터 우리 뇌가 세상을 바라보는 특별한 방식에 대해 이야기해볼

오리-토끼 착시 그림

게요. 이 장이 끝날 즈음엔, 여러분도 세상을 보는 새로운 관점을 발견하실 수 있을 거예요.

뇌는 예측하는 기계

최신 뇌과학 이론에서는 우리 뇌를 하나의 거대한 '예측 기계'로 봐요.[65] 이 이론에 따르면, 우리 뇌는 외부 자극을 수동적으로 받아들이기만 하는 게 아니라 능동적으로 예측하고 해석한답니다.

　누군가 저만치서 나를 향해 공을 던졌다고 해볼게요. 어떻게 그 공을 잡을 수 있을까요? 만약 공이 눈에 보일 만큼 가까이 오고 나서야 반응한다면, 이미 늦었을 거예요. 하지만 우리 뇌는 공이 막 던져졌을 때 어떤 경로로 날아올지 미리 예측하고, 그에 맞춰 손을 움직이도록 만들죠.

대화할 때도 마찬가지예요. 상대방의 말이 다 끝나고 나서야 반응하는 게 아니라, 말이 끝나기도 전에 우리는 이미 대답을 준비하고 있죠. 이것도 우리 뇌가 상대방의 말이 어떻게 끝날지 미리 예측하고 있기 때문에 가능한 거예요.

이런 예측들은 어떻게 가능한 걸까요? 우리 뇌의 예측 시스템은 놀랍도록 정교해요. 과거의 경험을 바탕으로 다양한 상황에 대한 예측 모델을 만들고, 이를 계속 업데이트하죠. 이렇게 예측하는 방식은 뇌의 에너지를 크게 아낄 수 있어요.[100] 매 순간 모든 걸 새롭게 처리하는 대신, 예측과 다른 점만 확인하면 되니까요. 예측이 틀렸다면? 그때는 그 차이를 바탕으로 새로운 모델을 만들어내죠.

예를 들어, 첫인상이 시간이 지나면서 바뀌는 경우를 생각해보세요. 차가워 보이던 직장 동료가 있었는데, 어느 날 그 사람이 비 오는 퇴근길에 자기 우산을 노숙인에게 건네는 모습을 보게 됐다고 해봐요. 그럼 그 순간 이전까지 가지고 있던 그 사람에 대한 인상이 완전히 바뀌겠죠. 이처럼 새로운 경험은 우리가 가지고 있던 예측을 완전히 뒤바꿀 수 있어요.

이게 바로 우리 뇌가 작동하는 방식이에요. 과거의 경험을 바탕으로 예측을 하고, 새로운 경험을 통해 그 예측을 수정해나가죠. 이런 과정을 통해 우리는 세상을 조금씩 더 정확하게 이해하게 된답니다.

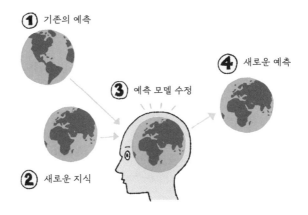

뇌가 예측 모델을 수정하는 과정

출처 : Can Bayesian Theories of Autism Spectrum Disorder
Help Improve Clinical Practice? (2016)

더 넓은 세상을 만나는 법

이런 뇌의 특징은 우리에게 중요한 깨달음을 줘요. 우리가 '진실'
이라 믿는 것들이, 사실은 우리의 경험을 통해 만들어진 하나의 해
석일 수 있다는 거예요.

한국말이 서툰 외국인을 보면서 어떤 사람은 한국말을 더 잘
하려면 노력이 필요하겠다고 생각해요. 하지만 해외 생활을 해본
사람은 그 사람이 말이 잘 통하지 않는 낯선 환경에서 외롭고 불
안하겠다고 생각하죠. 또 우울증을 겪는 친구를 보면서 어떤 사

예측하는 뇌

람은 마음가짐의 문제라고 생각하지만, 같은 경험이 있는 사람은 전문적 치료와 지지가 필요한 질병임을 알아요.

결국 우리가 보는 세상은 우리의 경험에 따라 달라져요. "아는 만큼 보인다"는 말, 이제는 그 의미가 더 깊게 다가오지 않나요? 우리가 더 많이 경험할수록, 이해하고 공감할 수 있는 세상도 그만큼 넓어진답니다.

바로 그렇기에 우리는 더 다양한 경험을 해야 해요. 새로운 책을 읽고, 낯선 곳을 여행하고, 다른 생각을 가진 사람들과 대화를 나누면서요. 그럴수록 우리가 세상을 이해하는 방식은 더욱 풍부하고 선명해질 거예요.

우리의 뇌는 지금 이 순간에도 세상을 예측하고 있어요. 그 예측이 얼마나 정확할지는 알 수 없죠. 하지만 한 가지만큼은 분명히 알 수 있어요. 내 뇌가 아직 예측할 생각조차 해보지 못한 것들이 아주 많다는 사실이요. 이 사실을 인정하는 순간, 여러분은 이미 더 넓은 세상을 향해 한 걸음 내딛은 것입니다.

주

1부. 위로의 뇌과학

자책하는 뇌

1   Green S, Ralph MA, Moll J, Stamatakis EA, Grafman J, Zahn R. Selective functional integration between anterior temporal and distinct fronto-mesolimbic regions during guilt and indignation. Neuroimage. 2010;52(4):1720-1726. doi:10.1016/j.neuroimage.2010.05.038

2   Lythe KE, Gethin JA, Workman CI, et al. Subgenual activation and the finger of blame: individual differences and depression vulnerability. Psychol Med. 2022;52(8):1560-1568. doi:10.1017/S0033291720003372

3   Green S, Lambon Ralph MA, Moll J, Deakin JF, Zahn R. Guilt-selective functional disconnection of anterior temporal and subgenual cortices in major depressive disorder. Arch Gen Psychiatry. 2012;69(10):1014-1021. doi:10.1001/archgenpsychiatry.2012.135
     Lythe KE, Moll J, Gethin JA, et al. Self-blame-Selective Hyperconnectivity Between Anterior Temporal and Subgenual Cortices and Prediction of Recurrent Depressive Episodes. JAMA Psychiatry. 2015;72(11):1119-1126. doi:10.1001/jamapsychiatry.2015.1813

4   Jannati Y, Nia HS, Froelicher ES, Goudarzian AH, Yaghoobzadeh A. Self-blame Attributions of Patients: a Systematic Review Study. Cent Asian J Glob Health. 2020;9(1):e419. Published 2020 Mar 31. doi:10.5195/cajgh.2020.419

회피하는 뇌

5   Touroutoglou A, Andreano J, Dickerson BC, Barrett LF. The tenacious brain: How the anterior mid-cingulate contributes to achieving goals. Cortex. 2020;123:12-29. doi:10.1016/j.cortex.2019.09.011

6   Kurniawan IT, Seymour B, Talmi D, Yoshida W, Chater N, Dolan RJ. Choosing to make an effort: the role of striatum in signaling physical effort of a chosen

action. J Neurophysiol. 2010;104(1):313-321. doi:10.1152/jn.00027.2010

걱정하는 뇌

7   Ito TA, Larsen JT, Smith NK, Cacioppo JT. Negative information weighs more
      heavily on the brain: the negativity bias in evaluative categorizations. J Pers Soc
      Psychol. 1998;75(4):887-900. doi:10.1037//0022-3514.75.4.887

8   티어니 J, 바우마이스터 RF. (2020). 부정성 편향 (정태연, 신기원 역). 서울: 에코
      리브르.

9   Jia T, Ogawa Y, Miura M, Ito O, Kohzuki M. Music Attenuated a Decrease
      in Parasympathetic Nervous System Activity after Exercise. PLoS One.
      2016;11(2):e0148648. Published 2016 Feb 3. doi:10.1371/journal.
      pone.0148648

10   Macé É, Montaldo G, Trenholm S, et al. Whole-Brain Functional Ultrasound
      Imaging Reveals Brain Modules for Visuomotor Integration. Neuron.
      2018;100(5):1241-1251.e7. doi:10.1016/j.neuron.2018.11.031

11   Balban MY, Neri E, Kogon MM, et al. Brief structured respiration
      practices enhance mood and reduce physiological arousal. Cell Rep Med.
      2023;4(1):100895. doi:10.1016/j.xcrm.2022.100895

예민한 뇌

12   Acevedo BP, Aron EN, Aron A, Sangster MD, Collins N, Brown LL. The highly
      sensitive brain: an fMRI study of sensory processing sensitivity and response to
      others' emotions. Brain Behav. 2014;4(4):580-594. doi:10.1002/brb3.242

13   Jagiellowicz J, Xu X, Aron A, et al. The trait of sensory processing sensitivity
      and neural responses to changes in visual scenes. Soc Cogn Affect Neurosci.
      2011;6(1):38-47. doi:10.1093/scan/nsq001

14   Acevedo BP, Aron EN, Aron A, Sangster MD, Collins N, Brown LL. The highly
      sensitive brain: an fMRI study of sensory processing sensitivity and response to
      others' emotions. Brain Behav. 2014;4(4):580-594. doi:10.1002/brb3.242

생각이 많은 뇌

15   Andrews-Hanna JR, Reidler JS, Sepulcre J, Poulin R, Buckner RL. Functional-

anatomic fractionation of the brain's default network. Neuron. 2010;65(4):550-562. doi:10.1016/j.neuron.2010.02.005

16   Chou T, Deckersbach T, Dougherty DD, Hooley JM. The default mode network and rumination in individuals at risk for depression. Soc Cogn Affect Neurosci. 2023;18(1):nsad032. doi:10.1093/scan/nsad032

17   Fox MD, Snyder AZ, Vincent JL, Corbetta M, Van Essen DC, Raichle ME. The human brain is intrinsically organized into dynamic, anticorrelated functional networks. Proc Natl Acad Sci U S A. 2005;102(27):9673-9678. doi:10.1073/pnas.0504136102

18   Harrington MO, Karapanagiotidis T, Phillips L, Smallwood J, Anderson MC, Cairney SA. Memory control deficits in the sleep-deprived human brain. Proc Natl Acad Sci U S A. 2025;122(1):e2400743122. doi:10.1073/pnas.2400743122

19   Trova S, Tsuji Y, Horiuchi H, Shimada S. Decrease of functional connectivity within the default mode network by a brief training of focused attention on the breath in novices. bioRxiv. 2021;430388. doi:10.1101/2021.02.09.430388

20   Spreng RN, Dimas E, Mwilambwe-Tshilobo L, et al. The default network of the human brain is associated with perceived social isolation [published correction appears in Nat Commun. 2021 May 21;12(1):3202. doi: 10.1038/s41467-021-23623-w.]. Nat Commun. 2020;11(1):6393. Published 2020 Dec 15. doi:10.1038/s41467-020-20039-w

21   Liston C, Chen AC, Zebley BD, et al. Default mode network mechanisms of transcranial magnetic stimulation in depression. Biol Psychiatry. 2014;76(7):517-526. doi:10.1016/j.biopsych.2014.01.023

눈치 보는 뇌

22   Rogers TB, Kuiper NA, Kirker WS. Self-reference and the encoding of personal information. J Pers Soc Psychol. 1977;35(9):677-688. doi:10.1037//0022-3514.35.9.677

23   Nejad AB, Fossati P, Lemogne C. Self-referential processing, rumination, and cortical midline structures in major depression. Front Hum Neurosci. 2013;7:666. Published 2013 Oct 10. doi:10.3389/fnhum.2013.00666

25   Shapiro F, 『Getting Past Your Past: Take Control of Your Life with Self-Help Techniques from EMDR Therapy』, Rodale Books, 2013.

26   Izquierdo I, Furini CR, Myskiw JC. Fear Memory. Physiol Rev. 2016;96(2):695-750. doi:10.1152/physrev.00018.2015

27   LeDoux JE, Iwata J, Cicchetti P, Reis DJ. Different projections of the central amygdaloid nucleus mediate autonomic and behavioral correlates of conditioned fear. J Neurosci. 1988;8(7):2517-2529. doi:10.1523/JNEUROSCI.08-07-02517.1988

      Hopkins DA, Holstege G. Amygdaloid projections to the mesencephalon, pons and medulla oblongata in the cat. Exp Brain Res. 1978;32(4):529-547. doi:10.1007/BF00239551

외로운 뇌

28   Eisenberger NI, Lieberman MD. Why rejection hurts: a common neural alarm system for physical and social pain. Trends Cogn Sci. 2004;8(7):294-300. doi:10.1016/j.tics.2004.05.010

29   Panksepp J. Affective Neuroscience: The Foundations of Human and Animal Emotions. Oxford University Press; 1998.

30   Kanai R, Bahrami B, Duchaine B, Janik A, Banissy MJ, Rees G. Brain structure links loneliness to social perception. Curr Biol. 2012;22(20):1975-1979. doi:10.1016/j.cub.2012.08.045

증오하는 뇌

31   Bar-Tal D. Sociopsychological foundations of intractable conflicts. Am Behav Sci. 2007;50(11):1430-1453. doi:10.1177/0002764207302462

32   Zeki S, Romaya JP. Neural correlates of hate. PLoS One. 2008;3(10):e3556. doi:10.1371/journal.pone.0003556

33   Bartels A, Zeki S. The neural basis of romantic love. Neuroreport. 2000;11(17):3829-3834. doi:10.1097/00001756-200011270-00046

질투하는 뇌

34   Takahashi H, Kato M, Matsuura M, Mobbs D, Suhara T, Okubo Y. When your gain is my pain and your pain is my gain: neural correlates of envy and schadenfreude. Science. 2009;323(5916):937-939. doi:10.1126/science.1165604

우울한 뇌

35   남인순, 「최근 5년간(2018~2022년) 우울증 진료 인원 현황」, 국민건강보험공단, 2023

36   Liu Y, Zhao J, Guo W. Emotional Roles of Mono-Aminergic Neurotransmitters in Major Depressive Disorder and Anxiety Disorders. Front Psychol. 2018;9:2201. Published 2018 Nov 21. doi:10.3389/fpsyg.2018.02201

37   Romeo Z, Biondi M, Oltedal L, Spironelli C. The dark and gloomy brain: grey matter volume alterations in major depressive disorder - fine-grained meta-analyses. Depression and Anxiety. 2024;6673522. doi:10.1155/2024/6673522

38   Burns AC, Windred DP, Rutter MK, et al. Day and night light exposure are associated with psychiatric disorders: an objective light study in >85,000 people. Nat Mental Health. 2023;1:853-862. doi:10.1038/s44220-023-00135-8

39   Blumenthal JA, Babyak MA, Moore KA, et al. Effects of exercise training on older patients with major depression. Arch Intern Med. 1999;159(19):2349-2356. doi:10.1001/archinte.159.19.2349

스트레스 받은 뇌

40   Frontiers in Endocrinology. Understanding the relationships between physiological and psychosocial stress, cortisol and cognition. Front Endocrinol (Lausanne). 2023;14:1085950. doi:10.3389/fendo.2023.1085950.

41   Kim EJ, Pellman B, Kim JJ. Stress effects on the hippocampus: a critical review. Learn Mem. 2015;22(9):411-416. Published 2015 Aug 18. doi:10.1101/lm.037291.114

42   Jacobson L, Sapolsky R. The role of the hippocampus in feedback regulation of the hypothalamic-pituitary-adrenocortical axis. Endocr Rev. 1991;12(2):118-134. doi:10.1210/edrv-12-2-118

43   Obaya HE, Abdeen HA, Salem AA, et al. Effect of aerobic exercise, slow deep

breathing and mindfulness meditation on cortisol and glucose levels in women with type 2 diabetes mellitus: a randomized controlled trial. Front Physiol. 2023;14:1186546. Published 2023 Jul 13. doi:10.3389/fphys.2023.1186546

번아웃 온 뇌

44   Savic I. Structural changes of the brain in relation to occupational stress. Cereb Cortex. 2015;25(6):1554-1564. doi:10.1093/cercor/bht348

45   Maresca G, Corallo F, Catanese G, Formica C, Lo Buono V. Coping Strategies of Healthcare Professionals with Burnout Syndrome: A Systematic Review. Medicina (Kaunas). 2022;58(2):327. Published 2022 Feb 21. doi:10.3390/medicina58020327

지루한 뇌

46   Volkow ND, Wise RA, Baler R. The dopamine motive system: implications for drug and food addiction. Nat Rev Neurosci. 2017;18(12):741-752. doi:10.1038/nrn.2017.130

중독된 뇌

47   Uhl GR, Koob GF, Cable J. The neurobiology of addiction. Ann N Y Acad Sci. 2019;1451(1):5-28. doi:10.1111/nyas.13989

48   애나 램키, 『도파민네이션: 쾌락 과잉 시대에서 균형 찾기』, 김두완 역, 흐름출판, 2022.

2부 성장의 뇌과학

감사하는 뇌

49   Fox GR, Kaplan J, Damasio H, Damasio A. Neural correlates of gratitude. Front Psychol. 2015;6:1491. Published 2015 Sep 30. doi:10.3389/fpsyg.2015.01491

50   Wong YJ, Owen J, Gabana NT, et al. Does gratitude writing improve the mental health of psychotherapy clients? Evidence from a randomized controlled trial.

Psychother Res. 2018;28(2):192-202. doi:10.1080/10503307.2016.1169332

추억하는 뇌

51   Yang Z, Wildschut T, Izuma K, et al. Patterns of brain activity associated with nostalgia: a social-cognitive neuroscience perspective. Soc Cogn Affect Neurosci. 2022;17(12):1131-1144. doi:10.1093/scan/nsac036

52   Sedikides C, Wildschut T, Arndt J, Routledge C. Nostalgia: Past, present, and future. Curr Dir Psychol Sci. 2008;17(5):304-307. doi:10.1111/j.1467-8721.2008.00595.x

53   Nader K. Reconsolidation and the Dynamic Nature of Memory. Cold Spring Harb Perspect Biol. 2015;7(10):a021782. Published 2015 Sep 9. doi:10.1101/cshperspect.a021782

54   Williams CG. The role of nostalgia in coping with trauma. Psychol Psychiatry. 2024;8(3):237-250. doi:10.4172/ppo.1000237

칭찬하는 뇌

55   Sugawara SK, Tanaka S, Okazaki S, Watanabe K, Sadato N. Social rewards enhance offline improvements in motor skill. PLoS One. 2012;7(11):e48174. doi:10.1371/journal.pone.0048174

56   Izuma K, Saito DN, Sadato N. Processing of social and monetary rewards in the human striatum. Neuron. 2008;58(2):284-294. doi:10.1016/j.neuron.2008.03.020

57   Calabresi P, Picconi B, Tozzi A, Di Filippo M. Dopamine-mediated regulation of corticostriatal synaptic plasticity. Trends Neurosci. 2007;30(5):211-219. doi:10.1016/j.tins.2007.03.001

58   Fujiwara S, Ishibashi R, Tanabe-Ishibashi A, Kawashima R, Sugiura M. Sincere praise and flattery: reward value and association with the praise-seeking trait. Front Hum Neurosci. 2023;17:985047. Published 2023 Feb 15. doi:10.3389/fnhum.2023.985047

공감하는 뇌

59   Decety J, Lamm C. Human empathy through the lens of social neuroscience.

ScientificWorldJournal. 2006;6:1146-1163. Published 2006 Sep 20. doi:10.1100/tsw.2006.221

60   Bastiaansen JA, Thioux M, Keysers C. Evidence for mirror systems in emotions. Philos Trans R Soc Lond B Biol Sci. 2009;364(1528):2391-2404. doi:10.1098/rstb.2009.0058

61   Cerniglia L, Bartolomeo L, Capobianco M, et al. Intersections and divergences between empathizing and mentalizing: Development, recent advancements by neuroimaging and the future of animal modeling. Front Behav Neurosci. 2019;13:212. doi:10.3389/fnbeh.2019.00212

62   Sperduti M, Guionnet S, Fossati P, Nadel J. Mirror neuron system and mentalizing system connect during online social interaction. Cogn Process. 2014;15(3):307-316. doi:10.1007/s10339-014-0600-x

사회적인 뇌

63   Hofstede G. Dimensionalizing cultures: The Hofstede model in context. Online Read Psychol Cult. 2011;2(1). doi:10.9707/2307-0919.1014

64   Chiao JY, Harada T, Komeda H, et al. Neural basis of individualistic and collectivistic views of self. Hum Brain Mapp. 2009;30(9):2813-2820. doi:10.1002/hbm.20707

꾸준한 뇌

65   Mendelsohn AI. Creatures of Habit: The Neuroscience of Habit and Purposeful Behavior. Biol Psychiatry. 2019;85(11):e49-e51. doi:10.1016/j.biopsych.2019.03.978

66   O'Hare J, Calakos N, Yin HH. Recent Insights into Corticostriatal Circuit Mechanisms underlying Habits: Invited review for Current Opinions in Behavioral Sciences. Curr Opin Behav Sci. 2018;20:40-46. doi:10.1016/j.cobeha.2017.10.001

67   Yin HH, Knowlton BJ. The role of the basal ganglia in habit formation. Nat Rev Neurosci. 2006;7(6):464-476. doi:10.1038/nrn1919

집중하는 뇌

68   Dux PE, Ivanoff J, Asplund CL, Marois R. Isolation of a central bottleneck of information processing with time-resolved FMRI. Neuron. 2006;52(6):1109-1120. doi:10.1016/j.neuron.2006.11.009

69   Henemann GM, Schmitgen MM, Wolf ND, et al. Cognitive domain-independent aberrant frontoparietal network strength in individuals with excessive smartphone use. Psychiatry Res Neuroimaging. 2023;329:111593. doi:10.1016/j.pscychresns.2023.111593

70   Bremer B, Wu Q, Mora Álvarez MG, et al. Mindfulness meditation increases default mode, salience, and central executive network connectivity. Sci Rep. 2022;12(1):13219. Published 2022 Aug 2. doi:10.1038/s41598-022-17325-6

기억하는 뇌

71   Sridhar S, Khamaj A, Asthana MK. Cognitive neuroscience perspective on memory: overview and summary. Front Hum Neurosci. 2023;17:1217093. Published 2023 Jul 26. doi:10.3389/fnhum.2023.1217093

72   Linde-Domingo J, Treder MS, Kerrén C, Wimber M. Evidence that neural information flow is reversed between object perception and object reconstruction from memory. Nat Commun. 2019;10(1):179. Published 2019 Jan 14. doi:10.1038/s41467-018-08080-2

휴식하는 뇌

73   Buch ER, Claudino L, Quentin R, Bönstrup M, Cohen LG. Consolidation of human skill linked to waking hippocampo-neocortical replay. Cell Rep. 2021;35(10):109193. doi:10.1016/j.celrep.2021.109193

74   Bönstrup M, Iturrate I, Thompson R, Cruciani G, Censor N, Cohen LG. A Rapid Form of Offline Consolidation in Skill Learning. Curr Biol. 2019;29(8):1346-1351.e4. doi:10.1016/j.cub.2019.02.049

75   Luo W, Liu B, Tang Y, Huang J, Wu J. Rest to Promote Learning: A Brain Default Mode Network Perspective. Behav Sci (Basel). 2024;14(4):349. Published 2024 Apr 22. doi:10.3390/bs14040349

각성하는 뇌

76   Xiong B, Chen C, Tian Y, et al. Brain preparedness: The proactive role of the
       cortisol awakening response in hippocampal-prefrontal functional interactions.
       Prog Neurobiol. 2021;205:102127. doi:10.1016/j.pneurobio.2021.102127

77   Leproult R, Colecchia EF, L'Hermite-Balériaux M, Van Cauter E. Transition
       from dim to bright light in the morning induces an immediate elevation of
       cortisol levels. J Clin Endocrinol Metab. 2001;86(1):151-157. doi:10.1210/
       jcem.86.1.7102

78   Huberman Lab Podcast "Using Sunlight to Optimize Health"

잠자는 뇌

79   Wagner U, Gais S, Born J. Emotional memory formation is enhanced across
       sleep intervals with high amounts of rapid eye movement sleep. Learn Mem.
       2001;8(2):112-119. doi:10.1101/lm.36801

80   van der Helm E, Yao J, Dutt S, Rao V, Saletin JM, Walker MP. REM sleep
       depotentiates amygdala activity to previous emotional experiences. Curr Biol.
       2011;21(23):2029-2032. doi:10.1016/j.cub.2011.10.052

81   Born J, Wilhelm I. System consolidation of memory during sleep. Psychol Res.
       2012;76(2):192-203. doi:10.1007/s00426-011-0335-6

82   Desai D, Momin A, Hirpara P, Jha H, Thaker R, Patel J. Exploring the Role
       of Circadian Rhythms in Sleep and Recovery: A Review Article. Cureus.
       2024;16(6):e61568. Published 2024 Jun 3. doi:10.7759/cureus.61568

83   Dodt C, Breckling U, Derad I, Fehm HL, Born J. Plasma epinephrine and
       norepinephrine concentrations of healthy humans associated with nighttime sleep
       and morning arousal. Hypertension. 1997;30(1 Pt 1):71-76. doi:10.1161/01.
       hyp.30.1.71

84   Xu X, Lian Z, Shen J, Lan L, Sun Y. Environmental factors affecting sleep quality
       in summer: a field study in Shanghai, China. J Therm Biol. 2021;99:102977.
       doi:10.1016/j.jtherbio.2021.102977

운동하는 뇌

85   Yoon M, Yang PS, Jin MN, et al. Association of Physical Activity Level

With Risk of Dementia in a Nationwide Cohort in Korea. JAMA Netw Open. 2021;4(12):e2138526. Published 2021 Dec 1. doi:10.1001/jamanetworkopen.2021.38526

86 Miranda M, Morici JF, Zanoni MB, Bekinschtein P. Brain-Derived Neurotrophic Factor: A Key Molecule for Memory in the Healthy and the Pathological Brain. Front Cell Neurosci. 2019;13:363. Published 2019 Aug 7. doi:10.3389/fncel.2019.00363

87 Fakhoury M, Eid F, El Ahmad P, et al. Exercise and Dietary Factors Mediate Neural Plasticity Through Modulation of BDNF Signaling. Brain Plast. 2022;8(1):121-128. Published 2022 Oct 21. doi:10.3233/BPL-220140

88 Erickson KI, Voss MW, Prakash RS, et al. Exercise training increases size of hippocampus and improves memory. Proc Natl Acad Sci U S A. 2011;108(7):3017-3022. doi:10.1073/pnas.1015950108

89 Schmolesky MT, Webb DL, Hansen RA. The effects of aerobic exercise intensity and duration on levels of brain-derived neurotrophic factor in healthy men. J Sports Sci Med. 2013;12(3):502-511. Published 2013 Sep 1.

90 Saucedo Marquez CM, Vanaudenaerde B, Troosters T, Wenderoth N. High-intensity interval training evokes larger serum BDNF levels compared with intense continuous exercise. J Appl Physiol (1985). 2015;119(12):1363-1373. doi:10.1152/japplphysiol.00126.2015

91 van Praag H, Kempermann G, Gage FH. Running increases cell proliferation and neurogenesis in the adult mouse dentate gyrus. Nat Neurosci. 1999;2(3):266-270. doi:10.1038/6368

성장하는 뇌

92 캐롤 S. 드웩, 『마인드셋: 원하는 것을 이루는 태도의 힘』, 김준수 역, 스몰빅라이프, 2017.

93 Zafonte RD. An overview on neuroplasticity. J Brain Res. 2022;5:163.

94 Maguire EA, Woollett K, Spiers HJ. London taxi drivers and bus drivers: a structural MRI and neuropsychological analysis. Hippocampus. 2006;16(12):1091-1101. doi:10.1002/hipo.20233

95 Worschech F, James CE, Jünemann K, et al. Fine motor control improves in older

adults after 1year of piano lessons: Analysis of individual development and its coupling with cognition and brain structure. Eur J Neurosci. 2023;57(12):2040-2061. doi:10.1111/ejn.16031

나다운 뇌

96   Ryan RM, Deci EL. Self-determination theory and the facilitation of intrinsic motivation, social development, and well-being. Am Psychol. 2000;55(1):68-78. doi:10.1037/0003-066X.55.1.68

97   Schultz W. Predictive reward signal of dopamine neurons. J Neurophysiol. 1998;80(1):1-27. doi:10.1152/jn.1998.80.1.1

98   Speranza L, di Porzio U, Viggiano D, de Donato A, Volpicelli F. Dopamine: The Neuromodulator of Long-Term Synaptic Plasticity, Reward and Movement Control. Cells. 2021;10(4):735. Published 2021 Mar 26. doi:10.3390/cells10040735

예측하는 뇌

99   Bottemanne H, Longuet Y, Gauld C. L'esprit predictif : introduction à la théorie du cerveau bayésien [The predictive mind: An introduction to Bayesian Brain Theory]. Encephale. 2022;48(4):436-444. doi:10.1016/j.encep.2021.09.011

100   리사 펠드먼 배럿, 『이토록 뜻밖의 뇌과학』, 변지영 역, 정재승 감수, 길벗, 2021.

어제의 나를 위로하고 내일의 나로 성장하는 실천 방법
내 마음을 위한 뇌과학

초판 1쇄 발행 2025년 3월 21일

지은이 퀴카쌤
감수   백정엽

펴낸이 김정희
그림   이크종
디자인 강경신디자인

펴낸곳 노르웨이숲
출판신고 2021년 9월 3일 제 2022-000108호
주소 서울시 마포구 신촌로2길 19, 302호
이메일 norway12345@naver.com

블로그 blog.naver.com/norway12345
인스타그램 @norw.egian_book

ISBN 979-11-93865-15-6 (03180)

• 이 책은 저작권법에 따라 보호받는 저작물이므로 무단 전재와 무단 복제를 금지하며,
  이 책의 전부 혹은 일부를 이용하려면 반드시 저작권자와 노르웨이숲의 서면 동의를 받아야
  합니다.
• 책값은 뒤표지에 있습니다. 잘못된 책은 서점에서 바꾸어 드립니다.